Hellmayr | Gladiatoren. 100 Seiten

AF202642

✳ Reclam 100 Seiten ✳

LEONI HELLMAYR, geb. 1983, hat Klassische Archäologie und Alte Geschichte studiert. Sie lebt als Fachjournalistin und Autorin in Berlin.

Leoni Hellmayr

Gladiatoren. 100 Seiten

Reclam

2018 Philipp Reclam jun. Verlag GmbH,
Siemensstraße 32, 71254 Ditzingen
Umschlaggestaltung: zero-media.net
Umschlagabbildung: FinePic®
Infografiken (S. 14, 53): Infographics Group GmbH
Bildnachweis: S. 3 Wikimedia Commons; S. 23 AKG-Images;
S. 57 Römisch-Germanisches Museum / Rheinisches Bildarchiv Köln;
S. 68 © 7reasons
Druck und Bindung: Canon Deutschland Business Services GmbH,
Siemensstraße 32, 71254 Ditzingen
Printed in Germany 2018
RECLAM ist eine eingetragene Marke
der Philipp Reclam jun. GmbH & Co. KG, Stuttgart
ISBN 978-3-15-020441-2

Auch als E-Book erhältlich

www.reclam.de

Für mehr Informationen zur 100-Seiten-Reihe:
www.reclam.de/100Seiten

Inhalt

Der Gladiator: Klischee und Faszination

Es ist soweit – das Mädchen steigt in die gläserne Röhre. Mit entsetztem Blick schaut sie ein letztes Mal zurück zu ihrem Trainer. Die Türen schließen sich, der Aufzug fährt nach oben. Über dem Erdboden angekommen, müssen sich ihre Augen erst noch an das grelle Tageslicht gewöhnen. Als sie die Konturen ihrer Umwelt allmählich erkennt, sieht sie um sich eine Lichtung mitten im Wald und ein großes schwarzes Zelt; darin und überall auf der Wiese liegen Kisten, dazwischen Schwerter und Messer, Bögen und Pfeile, Speere und Äxte. Das Mädchen ist nicht allein: Links und rechts stehen andere Jugendliche. Noch verharren sie still auf ihren Plätzen, aber jeder von ihnen weiß: In wenigen Sekunden müssen sie mit diesen Waffen die anderen angreifen und sich verteidigen. Sie werden gegeneinander kämpfen, auf Leben und Tod.

Der Countdown läuft: Noch 40 Sekunden, 39 Sekunden, 38 Sekunden … Das bevorstehende Spektakel wird öffentlich übertragen. Im ganzen Land schauen die Zuschauer gebannt auf die Monitore. Manche von ihnen grölen voller Vorfreude, andere wirken ängstlich und betroffen beim Anblick der übertragenen Bilder. Noch 3 Sekunden, 2 Sekunden, 1 Sekunde … und los. Die Jugendlichen preschen vor – in Richtung Waffen und in eine Welt, in der sie nur noch von Feinden umgeben sein werden.

Die beschriebene Szene stammt aus dem Hollywoodfilm *Die Tribute von Panem – The Hunger Games.* Ort des Geschehens ist Panem, ein Land in naher Zukunft, wo eine kleine reiche Oberschicht die ärmere Bevölkerung gewaltsam unterdrückt. Zu ihrem Amüsement und um die Unterjochten immerzu an die grenzenlose Macht der Reichen zu erinnern, finden jedes Jahr die »Hunger Games« statt: 24 ausgeloste Jugendliche müssen gegeneinander kämpfen, nur einer von ihnen darf überleben. Die Spiele werden mit Hunderten Kameras im Fernsehen und auf großen Leinwänden live in ganz Panem übertragen.

Für ihre Romantrilogie hat sich die Autorin Suzanne Collins von der Geschichte vom Minotaurus inspirieren lassen, dem Ungeheuer auf Kreta, dem – so will es der Mythos – alle neun Jahre sieben Jünglinge und sieben Jungfrauen geopfert werden. Wie aber die beschriebene Szene zeigt, hat sie sich nicht nur die griechische Mythologie, sondern auch ein Phänomen zum Vorbild genommen, das uns bis zum heutigen Tag allein aus der Antike bekannt ist: Die Geschichte über die Tribute von Panem präsentiert auch eine Zukunftsvision des römischen Gladiatorenkampfs.

Jeder kennt die Gladiatoren – selbst oder gerade auch diejenigen, die mit der römischen Vergangenheit eigentlich nichts am Hut haben. Kaum fällt das Wort Gladiator, imaginieren wir ganz bestimmte Bilder und Szenen. Wenn ich Bekannten und Freunden von meinem Buchprojekt erzählte, reagierten sie etwa so: »Wieso denn dieses blutrünstige Thema?« Oder so: »Ach, spannend. Hast du den Film *Gladiator* gesehen?« Und

Pollice Verso: Gemälde von Jean-Léon Gérôme (1872).

überraschenderweise auch mal so: »Wow ... klingt irgendwie sexy.«

Zunächst bestätigten mir diese Reaktionen, dass jeder irgendetwas zu den Gladiatoren zu sagen weiß. Jedenfalls ist mir bislang niemand begegnet, der, auf dieses Thema angesprochen, verlegen geschwiegen hätte. Aber woher rührt diese Berühmtheit?

Ihr großes »Revival« erlebten die Gladiatoren im 19. Jahrhundert, als der französische Historienmaler Jean-Léon Gérôme *Pollice Verso* schuf. Das Gemälde gibt eine Szene in der Arena wieder: Im Zentrum des Bildes steht ein Gladiator mit dem Fuß auf seinem Gegner, um ihn herum verteilt liegen die Leichen der bereits besiegten Gladiatoren. Gérôme hat den spannungsreichen Moment festgehalten, in dem der Gladiator mit gezücktem Schwert auf die Entscheidung der Zuschauer wartet. Diese sind sich in ihrer Gestik einig: Sterben soll der Besiegte! Der Maler unterstreicht in allen Details seines Werkes die Grausamkeit eines eben stattgefundenen Gemetzels. Viele Jahrzehnte später hatten die Drehbuchautoren von *Gladiator* mit eben diesem Gemälde den Regisseur Ridley Scott davon überzeugen können, die Regie für das Drehbuch zu übernehmen.

Vor allem Hollywood verhalf den Gladiatoren zum Durchbruch. Während der 1950er und 1960er Jahre entstand eine ganze Reihe von Monumentalfilmen mit historischen Themen, darunter *Quo Vadis?* mit Peter Ustinov als Kaiser Nero, *Cleopatra* mit Elizabeth Taylor in der Hauptrolle oder *Ben Hur*. Auch der wohl berühmteste Gladiator der Antike, Spartacus, wurde zum Protagonisten eines solchen Filmes. Die aufwendige Inszenierung entstand unter der Regie Stanley Kubricks und dauert mehr als drei Stunden. In den Jahrzehnten darauf mussten sich die Kinogänger offenbar von solch opulenter Filmkost erst einmal erholen. Jedenfalls griff erst Ridley Scott im Jahr 2000 das Genre der »Sandalenfilme« wieder auf. Mit Erfolg: Als erster Monumentalfilm mit antiker Thematik nach rund 40 Jahren wurde *Gladiator* zum Kassenschlager und mit fünf Oscars prämiert. Bis heute wird das Thema der Gladiatoren gerne medial verarbeitet, wie eben auch in der erfolgreichen Verfilmung *Die Tribute von Panem*.

So sehr sich die Fans der römischen Antike freuen dürfen, dass die Gladiatorenkämpfe weltberühmt geworden sind, so wichtig ist es auch, sich der Vorurteile und Missverständnisse bewusst zu sein, die in vielen Köpfen weiterhin existieren. Viele denken nach wie vor an chaotische Massenschlachten, in denen die Männer blindlings aufeinander einschlagen, an ein dämonisches Publikum, das nach blutigen Kämpfen lechzte, an grausame Tyrannen, die in völliger Willkür über Leben und Tod in der Arena entschieden.

Obwohl das Bild des Gladiators in vielerlei Hinsicht zum Klischee erstarrt ist, verliert es zugleich nichts von seiner Faszination. Und je mehr neue Erkenntnisse die Wissenschaftler über das Phänomen des Gladiators zu berichten wissen, desto reizvoller und vielschichtiger wird es. 700 Jahre lang waren die Gladiatorenkämpfe ein fester Bestandteil des römischen Lebens. Aber warum gab es die Gladiatoren? Wer waren sie in der Öffentlichkeit? Und wer waren sie abseits der Arena?

Um diese Fragen zu beantworten, bleibt wohl nur noch zu sagen: Auf in den Kampf!

Made in Rome

»Von einem gesunden Anfang haben sich die Gladiatorenspiele zu diesem – selbst für mächtige Reiche – kaum noch
erträglichen Wahnsinn entwickelt.«
Livius (römischer Geschichtsschreiber, um 59 v. Chr. – 17 n. Chr.)

Mit Sicherheit ist der schnellste Weg, sich heutzutage über et-
was zu informieren, der Weg ins Internet. Das Netz weiß alles
und vergisst absolut nichts davon, niemals. Trotzdem ist dieser
Weg nicht immer der Hilfreichste: Als ich eines Tages den
Suchbegriff »Gladiator« eingab, erschien an oberster Stelle
nicht etwa der Wikipedia-Eintrag zu dem Begriff, sondern der
Eintrag zum gleichnamigen Hollywoodstreifen mit Russell
Crowe in der Hauptrolle. Ich wechselte daraufhin zur Bilder-
suche, woraufhin mich der Schauspieler in seiner metallenen
Ausrüstung gleich Dutzende Male anstarrte. Zumindest on-
line hat der Film zum Thema es tatsächlich geschafft, noch be-
kannter zu sein als das Thema selbst. Spätestens jetzt schien
mir der richtige Augenblick gekommen, um den PC abzuschal-
ten und nach draußen zu gehen. Denn dort würde ich mit
Sicherheit eher auf *Gladiatoren* stoßen als auf Russell Crowe.

An manchen Tagen – vor allem dann, wenn es warm und sonnig ist – kann man sie beispielsweise in Xanten oder Trier entdecken, oder auch in Windisch in der Schweiz und in Carnuntum in Österreich. Diese Städte blicken auf eine lange Vergangenheit zurück und gehörten einst zum Römischen Reich. Im Sommer laden sie gerne zu Römerfesten ein, bei denen Geschichte wieder zum Leben erweckt wird. Überall schwebt dann der Geruch von Holzfeuer und gegrilltem Spanferkel in der Luft. Handwerker klopfen, hämmern und töpfern in offenen Zelten, Händler preisen mit lauter Stimme ihre Waren an, Damen flanieren in feinen Gewändern und mit prächtigen Lockenfrisuren an den Ständen vorbei. Menschen, die an diesen Festen teilnehmen, wollen Geschichte nicht nur lesen, sehen oder hören, sondern fühlbar erleben und selbst daran teilhaben. Die Auftritte der Gladiatoren zählen zu den Höhepunkten solcher Veranstaltungen. Dann stehen sie da, von Besuchern umringt, mit prächtigen Helmen, bunten Schilden und polierten Beinschienen ausgerüstet. Schnell fühlt man sich in die Vergangenheit zurückversetzt. Sie spielen ihre Rollen durchaus überzeugend, schweigen lieber, als dass sie reden, wirken deshalb unnahbar und manchmal sogar ein bisschen furchteinflößend. Nur ihre Schwerter aus Holz und ihre vergleichsweise bleichen Oberkörper erinnern daran, dass diese Gladiatoren nicht auf Leben und Tod kämpfen werden und dass sie auch nicht täglich unter freiem Himmel üben müssen. Wie ihre historischen Vorbilder trainieren sie sich erst einmal warm; vor allem die kleinen Besucher dürfen dann mitmachen, zur Übung mit einem Schwert auf einen Pfahl einschlagen oder ein Netz auswerfen, mit dem üblicherweise der Gladiatorentyp des *retiarius* (siehe die Infografik auf Seite 53) ausgestattet war. Wenn sie Geschick beweisen und Spaß daran haben, können sie das »Gladiator-sein« zu ihrem Hobby machen und in die Gladiatorenschule, den sogenannten *ludus* gehen. Das Angebot der modernen Gladiatorenschulen ist mit Sicherheit vielseitiger, als es in der Antike war: Man kann sich für Seminare und Workshops oder gleich für eine dauerhafte Teilnahme anmelden. Die Schüler erlernen verschiedene Kampftechniken und tragen schwere Ausrüstung, die möglichst realitätsnah angefertigt wurde; sie sollen sich aber auch mit der Geschichte der Gladiatorenkämpfe auseinandersetzen.

Wenn Wissenschaftler zu Waffen greifen ...

Learning by doing – im Gegensatz zu den übrigen archäologischen Fachgebieten und Methoden gehen Vertreter der Experimentellen Archäologie bei ihrer Arbeit sehr viel pragmatischer vor. Statt Funde und Fundkontexte zu beobachten und zu interpretieren, wollen sie die bisherigen Erkenntnisse über Kulturen der Vergangenheit durch eigene Erfahrungen widerlegen oder bestätigen, bestenfalls sogar vertiefen. Wie hochseetauglich war das Wikingerschiff? Wie treffsicher ließ sich mit steinzeitlichem Pfeil und Bogen schießen? Wie wurden Pfostenhäuser gebaut? Dadurch, dass sie ein Objekt wieder sichtbar machen oder einen bestimmten Vorgang aktiv demonstrieren, erwecken sie das eigentlich tote Wissen zum Leben. Das ist nicht nur für den Wissenschaftler interessant, sondern auch für den Laien viel packender als bloßes Bücherlesen. Seit einigen Jahrzehnten werden die Gladiatorenkämpfe im deutschsprachigen Raum durch Rekonstruktionen und praktische Versuche eingehend erforscht. Gerade bei einem Phänomen, das uns derart ambivalent erscheint, kann die

Experimentelle Archäologie viele Erkenntnisse beitragen. Vor allem die Untersuchungen zur Rüstung und zu den Waffen der Gladiatoren haben den bisherigen Forschungsstand um viele Antworten bereichert.

Seminare und Workshops, Gladiatorenschulen und Erlebnisführungen, Filme und Videospiele – das Angebot ist vielfältig und zeigt, dass die Gladiatoren bis heute die Menschen in ihren Bann ziehen. Trotzdem – oder gerade deshalb – sind unsere Vorstellungen von ihnen weiterhin mit vielen Irrtümern behaftet. Durch unsere heutigen Werte geprägt, blicken wir mit einem beklemmenden Gefühl auf das, was sich in den Amphitheatern einst zutrug: Wie konnten eben jene Römer, die doch selbst den Begriff der Menschlichkeit (lat. *humanitas*) entwickelt hatten, zugleich so viel Freude an diesen blutrünstigen Spielen haben?

Manche römische Autoren schreiben, dass die Gladiatorenkämpfe ihren Ursprung in der etruskischen Kultur hatten. Die Etrusker waren ein altitalisches Volk, das ab 800 v. Chr. auf dem Gebiet der heutigen Regionen Toskana, Umbrien und Latium lebte und dessen Kultur während der Zeit des Römischen Reiches weitgehend verschwand. Tatsächlich entdeckten Archäologen Wandmalereien in Etrurien und Kampanien, auf denen bewaffnete Zweikämpfe dargestellt sind; sie scheinen den Duellen kämpfender Gladiatoren zumindest ähnlich zu sein. Vielleicht sind sie frühe Vorbilder der römischen Gladiatorenkämpfe. Solche Annahmen bleiben aber wegen fehlender verlässlicher Quellen unbewiesen. Trotzdem wollten die Europäer des 19. Jahrhunderts nur allzu gerne daran glauben. Für sie war die Antike die ideale Zeit schlechthin, und daran sollte auch die Konfrontation mit den grausamen Arenakämpfen nichts ändern. Indem man die Gladiatorenkämpfe den Etruskern zuschrieb, ließ sich diese unschöne Seite auf elegante Weise mit der ansonsten so zivilisierten Kultur der Römer wieder vereinbaren – schließlich handelte es sich somit um keine römische Erfindung, sondern um ein bewahrtes Erbe.

Rom auf dem Weg zur Weltherrschaft

264 v. Chr. begann mit dem Ersten Punischen Krieg der Kampf Roms gegen Karthago um die Herrschaft über den westlichen Mittelmeerraum. Mehr als ein Jahrhundert später besiegte Rom seinen Gegner und etablierte sich endgültig als Großmacht. Für Gladiatoren-Interessierte ist dieses Jahr aus einem anderen Grund bedeutend: Decimus Iunius Pera, ein Angehöriger der römischen Oberschicht, soll damals die allerersten römischen Gladiatorenkämpfe veranstaltet haben. Auf der Beerdigung seines Vaters, eines angesehenen Senators, organisierten er und sein Bruder drei Gefechte zwischen Kriegsgefangenen. Sie kämpften gegeneinander auf Leben und Tod – zu Ehren des Verstorbenen. Mit den Gladiatorenkämpfen erwies Decimus Iunius Pera seinem Vater einen Dienst – worauf auch schon die lateinische Bezeichnung (*munus* heißt so viel wie »Aufgabe« oder »Dienst«) hinweist. Nun hätte Pera das alles nur für die Verwandten und Bekannten des Senators, ganz im privaten Kreis, veranstalten können – und wahrscheinlich hätte am nächsten Tag kein Hahn mehr danach gekräht. Aber er und sein Bruder taten etwas Neuartiges: Sie ließen die Kämpfe mitten auf dem Forum Boarium, einem Marktplatz im antiken Rom, austragen. Jeder Römer konnte vorbeikommen und mit eigenen Augen sehen, was die Söhne

organisiert hatten, um die Bestattungsfeier zu Ehren ihres Vaters unvergesslich zu machen.

Mehr Informationen sind uns über dieses Ereignis nicht überliefert, fest steht aber, dass sie einen bleibenden Eindruck im Volk hinterließen. Die Römer, die den spannenden Kämpfen auf dem Marktplatz zuschauten, müssen gestaunt haben – die spektakuläre Feier dürfte noch lange Zeit Gesprächsthema Nummer 1 in der Stadt gewesen sein. Die beiden Söhne werden sich trotz des traurigen Anlasses in gewisser Weise über die Aufmerksamkeit gefreut haben, den ganzen Aufwand betrieben sie schließlich nicht ohne Eigennutzen: Aus der eigenen Tasche finanziert, boten die Gladiatorenkämpfe eine hervorragende, wenn auch ziemlich kostspielige Möglichkeit, das Ansehen und den Reichtum des verstorbenen Senators, vor allem aber ihre eigene Großzügigkeit zu demonstrieren. Die Verbindung der privaten Trauerzeremonie mit einem blutigen Schaukampf in aller Öffentlichkeit brachte ein Phänomen ins Rollen, das bald eine bemerkenswerte Eigendynamik entfalten sollte.

Bis zum Ende der Späten Republik im Jahr 27 v. Chr. blieb das Begräbnis eines römischen Aristokraten der Anlass für einen Gladiatorenkampf. Stets fanden die Kämpfe auf öffentlichen Plätzen statt. Der Verwandte des Verstorbenen musste sie nicht nur organisieren, sondern vor allem auch selbst bezahlen. Folglich konnten sich nur besonders Reiche Gladiatorenkämpfe leisten. Nun wäre es nicht jedem reichen römischen Aristokraten unbedingt in den Sinn gekommen, allein der Angeberei wegen einen Großteil seines Vermögens zu verschleudern, denn so teuer konnten die Kämpfe für ihn durchaus werden. Wozu dann aber diese Unkosten? Es ging dabei auch um politische Macht.

Motiv: Karrierewunsch?

Da die Magistraten – diejenigen, die die höchsten Ämter des Römischen Reiches bekleideten – vom Volk gewählt wurden, hatten die Bewerber großes Interesse daran, sich bei den Bürgern beliebt zu machen. Und das Volk verlangte nun mal Gladiatorenkämpfe, so sehr, dass diese sich im Laufe der Zeit zum wahren Publikumsmagneten entwickelten. Anders gesagt: Mit der Ausrichtung beeindruckender Gladiatorenkämpfe konnten karriereorientierte Aristokraten den Römern spannende Unterhaltung bieten und gleichzeitig ihre Generosität zur Schau stellen, als Teil ihres Wahlkampfs sozusagen. Da *liberalitas*, die »Freigiebigkeit«, von den Römern als Tugend sehr geschätzt wurde, konnten die Veranstalter auf viele Stimmen bei den nächsten Wahlen hoffen. Deshalb war es auch kein Zufall, dass der *munus* im Laufe der Zeit immer häufiger kurz vor politischen Wahlen stattfand statt direkt nach dem Tod eines Verwandten. Manchmal diente ein solcher hingegen als Begründung für die Ausrichtung von Spielen, sogar noch, wenn er schon 20 Jahre zurücklag, wie im Fall von Caesars Vater. Caesar verlieh durch die Begräbnisfeier seiner *pietas* Ausdruck, einem weiteren in der römischen Gesellschaft zentralen Wert. Wir sehen: Auch mit dieser »Liebe« und »Dankbarkeit« dem Vater gegenüber ließ sich Öffentlichkeitsarbeit betreiben. Der Dienst für den Verstorbenen bildete spätestens zu diesem Zeitpunkt jedenfalls nur noch den formellen Anlass – viel mehr lag dem Veranstalter daran, seiner eigenen politischen Laufbahn einen Schub zu geben.

Im 1. Jahrhundert v. Chr. hätten die *munera* aus dem Jahr 264 v. Chr. den Zuschauern wohl nur noch ein müdes Lächeln abgerungen – die Römer waren mittlerweile ganz andere Spektakel gewohnt. Bei jedem *munus* versuchte der Veranstalter, die vergangenen *munera* zu übertreffen – durch die Zahl der Kämpfer oder durch Grausamkeit: Die Anzahl der kämpfenden Gladiatoren stieg also mit jedem Spiel. Um die Zuschauer überhaupt noch zu beeindrucken, mussten die Veranstalter immer tiefer in die Tasche greifen. Manch einer verschuldete sich sehr hoch für seine politische Karriere, so auch Julius Caesar. Die Gläubiger verliehen Geld in der Hoffnung, dass der Schuldner ihnen eines Tages, wenn er als Politiker Erfolg hatte, alles zurückzahlen könne. Zumindest im Falle Caesars hatte sich der Einsatz gelohnt; als der schließlich das hohe Amt des Prätors bekleidete, konnte er seine Schulden begleichen. Dabei tat er das, was Prätoren üblicherweise taten: Sie beuteten die Bewohner der ihnen zugeteilten Provinzen aus.

Hatte ein Veranstalter die nötigen finanziellen Mittel für seinen *munus* zusammengebracht, hieß das noch lange nicht, dass ihm keine neuen Probleme in den Weg kommen konnten. Mal waren es politische Feinde, die aus Missgunst seine Pläne zu sabotieren versuchten, mal waren es neue Bestimmungen. So versuchte Kaiser Marc Aurel mit einem Senatsbeschluss im Jahr 177 n. Chr. den finanziellen Aufwand einzugrenzen, den Veranstalter durch alle Provinzen hindurch für ihre Gladiatorenkämpfe betrieben. Dass es überhaupt solcher Gesetze bedurfte, zeigt einmal mehr, welche Ausmaße die *munera* im Laufe der Zeit angenommen hatten.

Wo sollte das ———— ———— noch hinführen?

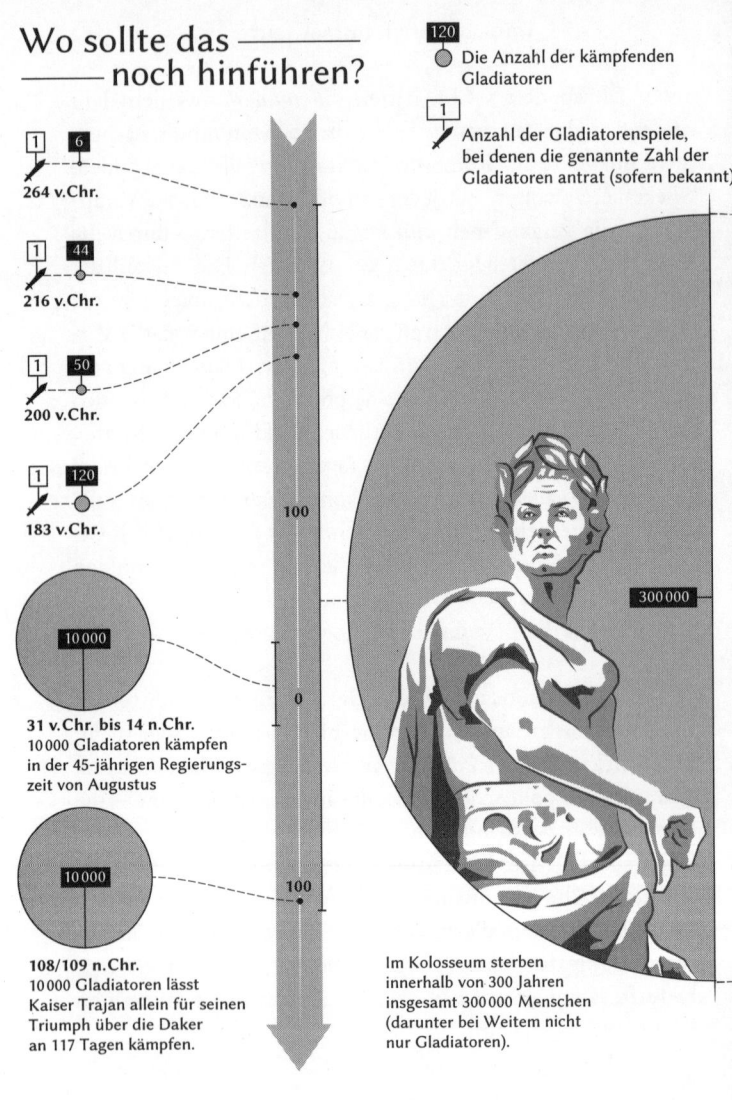

120 ● Die Anzahl der kämpfenden Gladiatoren

1 ⚔ Anzahl der Gladiatorenspiele, bei denen die genannte Zahl der Gladiatoren antrat (sofern bekannt).

1 **6**
264 v.Chr.

1 **44**
216 v.Chr.

1 **50**
200 v.Chr.

1 **120**
183 v.Chr.

10 000

31 v.Chr. bis 14 n.Chr.
10 000 Gladiatoren kämpfen in der 45-jährigen Regierungszeit von Augustus

10 000

108/109 n.Chr.
10 000 Gladiatoren lässt Kaiser Trajan allein für seinen Triumph über die Daker an 117 Tagen kämpfen.

100

0

100

300 000

Im Kolosseum sterben innerhalb von 300 Jahren insgesamt 300 000 Menschen (darunter bei Weitem nicht nur Gladiatoren).

Augustus, der Großneffe und Haupterbe Caesars, setzte nicht nur der Republik, sondern auch den Gladiatorenkämpfen in ihrer alten Form ein Ende – nicht, weil ihm die *munera* missfielen, sondern weil er ihr enormes Potenzial erkannt hatte. Mit ihrer Hilfe konnte er seine Herrschaft einer breiten Masse demonstrieren. Augustus ließ die Waffengattungen standardisieren und eine geregelte Sitzordnung innerhalb der Zuschauerränge einführen. Auf den besten Plätzen ganz vorne saßen die Senatoren, dahinter die Ritter, in den Reihen danach das Volk. Die Stehplätze ganz oben waren für die Sklaven bestimmt – und für die Frauen. Die Mitglieder des Heeres saßen vom übrigen Volk getrennt.

Augustus gestaltete auch den Ablauf des *munus* neu: Der erste Programmpunkt waren nun die Tierhetzen, dann folgten die Massenhinrichtungen und zuletzt die Gladiatorenkämpfe als Krönung des Tages. Die Tierhetzen begannen bereits am Vormittag. Speziell ausgebildete Kämpfer, die *venatores*, jagten in der Arena so ziemlich alles, was die Tierwelt zu bieten hatte, von harmlosen Antilopen und Hirschen bis hin zu gefährlichen Bären und Raubkatzen. Üblich war auch, jeweils zwei Tiere mit einer Kette zu verbinden und gegeneinander kämpfen zu lassen. Am Mittag folgte der nächste Programmpunkt, die Hinrichtungen von Verurteilten. Entweder wurden sie gekreuzigt, von Raubtieren zerfleischt oder sie mussten sich ebenfalls gegenseitig bekämpfen. Wenn ein Verurteilter den anderen erfolgreich besiegte, änderte das allerdings nichts an seinem eigenen Schicksal: Auch die letzten Überlebenden wurden am Ende getötet. Damit das Gemetzel nicht zu eintönig verlief, ließen die Römer gerne Szenen aus der Mythologie nachspielen, wie etwa die Geschichte von Ikarus, der vom Himmel hinabstürzte; in diesem Fall musste der Verurteilte von einem hohen Gerüst in den Abgrund springen. Nachdem die Leichen mit Haken vom Platz weggeschleift worden waren, begannen die eigentlichen Gladiatorenkämpfe, auf die sich das Publikum am meisten freute.

Seit der Kaiserzeit fanden *munera* so gut wie gar nicht mehr im Rahmen von Begräbnisfeiern statt, und sie wurden auch nicht mehr von Privatleuten finanziert. Fortan gab es nur noch Gladiatorenkämpfe, die entweder von den Kaisern persönlich oder von Amtsträgern organisiert und sozusagen dem Volk geschenkt wurden. Aber auch über Letztere behielt der Kaiser die Kontrolle; vor allem größere und spektakuläre Gladiatorenspiele durften nie ohne seine Erlaubnis stattfinden. Die *munera* waren nach wie vor teuer für die Veranstalter, aber dafür konnten diese mit einer ebenso kostbaren Gegenleistung rechnen: Ehre, *honor*. Die *munerarii*, die Ausrichter der Gladiatorenkämpfe, wurden geehrt, beispielsweise in Inschriften oder auf Ehrenmonumenten und machten sich dadurch einen Namen. Die Ehrung ließ sie aus der Masse herausstechen und unterstrich ihren Führungsanspruch in der Gesellschaft. Kurz: Gladiatorenkämpfe waren ein hervorragendes Mittel, um sich als Wohltäter verehren zu lassen.

Rund 370 Jahre nachdem drei Gladiatorenpaare auf dem Forum Boarium zu Ehren des verstorbenen Senators auf Leben und Tod gekämpft hatten, veranstaltete Kaiser Trajan anlässlich seines zweiten Triumphes über die Daker einen *munus*, der wieder einmal alle bisher gekannten Dimensionen sprengen sollte. Innerhalb von 117 Tagen kämpften 10 000 Gladiatoren gegeneinander. Die hohen Kosten beglich Trajan aus seiner reichen Kriegsbeute. Das Volk war tatsächlich beeindruckt –

keine Selbstverständlichkeit, wenn man bedenkt, dass ohnehin ständig gefeiert wurde. Die Feiertage im römischen Kalender füllten zusammengerechnet zweieinhalb Monate des Jahres (allerdings gab es bei den Römern kein Wochenende im heutigen Sinn). Entsprechend häufig fanden *spectacula*, öffentliche Schauspiele, an heiligen Tagen zu Ehren bestimmter Gottheiten statt: Wagenrennen, Tierhetzen und Theateraufführungen – aber eben auch Gladiatorenspiele, seit sie nicht mehr zu den Bestattungssitten gehörten, sondern als öffentliche Aufgabe verstanden wurden. Damit die Römer sich überhaupt noch in der Masse an Veranstaltungen zurechtfinden konnten, wurde in der ganzen Stadt mit Wandinschriften für die Events geworben.

Wer nun auch immer den Gladiatorenkampf erfunden hat, in jedem Fall haben die Römer daraus über viele Jahrhunderte hinweg ein Phänomen entwickelt, das es zu keiner anderen Zeit in keiner anderen Kultur gegeben hat. Zwar gibt es viele Praktiken, die an den Gladiatorenkampf erinnern: Ritterliche Turniere, neuzeitliche Duelle, aztekische Ballspiele, spanische Stierkämpfe. Wie die folgenden Kapitel zeigen werden, fand der Gladiatorenkampf aber unter ganz besonderen Regeln statt. Man findet sie so bei keiner anderen Kampfform wieder.

Schon unter den Zeitgenossen galten die Gladiatoren als typisch römisches Produkt. Selbst den Griechen in den östlichen Provinzen des Römischen Imperiums, die in ihrer Kultur seit ewigen Zeiten öffentliche Wettkämpfe wie etwa die Olympischen Spiele intensiv pflegten (hier waren es Aristokraten, die gegeneinander antraten), schienen die eingeführten Gladiatorenkämpfe offenbar so fremdartig, dass sie die lateinischen Fachausdrücke wie beispielsweise *familia* und *palus* (Begriff für den Pfahl, an dem die Gladiatoren trainierten) ein-

10 überraschende Fakten über die Gladiatoren

1. Daumen hoch? Daumen runter? Weder, noch! Wissenschaftler zweifeln stark an, dass die Römer speziell mit der Daumengeste die Begnadigung oder Tötung eines Gladiators signalisierten.
2. Welcher Gladiator gegen wen und in welcher Ausrüstung kämpfte, unterlag strengen Regeln. Dabei lautete das oberste Gebot: Gleiche Chancen für beide Kämpfer!
3. Nicht jeder Gladiator kämpfte gegen seinen Willen. Viele entschieden sich aus freien Stücken für diese lebensgefährliche Laufbahn – für Ruhm und Ehre oder Geld.
4. Gladiatoren traten in Duellen paarweise gegeneinander an, nicht in chaotischen Massenkämpfen.
5. Muskulöse Männer mit Waschbrettbauch – ein seltener Anblick in der Arena. Weil sie sich hauptsächlich von Bohnen und Getreidebrei ernährten, waren die meisten Gladiatoren wohl eher dicklich als drahtig oder muskelbepackt.
6. Draußen Feind, drinnen Freund: Innerhalb der familia, wie man die Gladiatorentruppe bezeichnete, kümmerten sich die Gladiatoren umeinander und sorgten etwa

fach übernahmen, statt diese ins Griechische zu übersetzen. Das ist bemerkenswert, weil für gewöhnlich die Römer mit der Kultur der Griechen auch deren Wortschatz importierten, beispielsweise im Bereich der Philosophie. Und es ging noch weiter: Gladiatoren, die aus dem griechischen Osten stammten und in den heimatlichen Städten auftraten, gaben sich so-

dafür, dass ihre getöteten Kameraden ordentlich bestattet wurden.

7. Ob aus Makedonien, Kleinasien, Ägypten oder Äthiopien – die Veranstalter scheuten weder Distanzen noch Kosten, um Gladiatoren aus fernen Ländern auf ihren Spielen zu präsentieren. Denn sie wussten: Je exotischer das Programm, desto größer der Zuschauerandrang.

8. Das Kolosseum wird häufig mit Kaiser Nero in Verbindung gebracht – ein Irrtum! Mit dem Bau des berühmtesten aller Amphitheater wurde erst nach Neros Tod begonnen.

9. Noch ein Irrtum ist, dass Gladiatoren vor ihren Kämpfen »Ave Caesar, die Todgeweihten grüßen Dich!« riefen. Dieser Spruch ist nur für die verurteilten Verbrecher überliefert, die auf einer Naumachie (einer inszenierten Seeschlacht) vor Kaiser Claudius kämpfen mussten.

10. Linkshänder unter den Gladiatoren konnten stolz auf sich sein: Denn demjenigen, der mit dem Schwert in der linken Hand kämpfte, wurde von den Zuschauern – das zeigen die Quellen – besonders viel Bewunderung entgegengebracht.

gar römische Künstlernamen. Wenn griechische Städte Gladiatorenspiele veranstalteten, wollten sie damit sicherlich auch ihre Loyalität gegenüber dem Römischen Reich zum Ausdruck bringen.

Ohne Frage boten die *munera* den Zuschauern ein blutiges Spektakel – so blutig, dass sie in der Wissenschaft lange Zeit in erster Linie als Massenmord aufgefasst wurden. Besonders provokant äußerte sich in den 1960er Jahren hierzu der englische Altertumsforscher Michael Grant: er verglich die Gladiatorenkämpfe mit den Verbrechen des Nazi-Regimes. Grausamkeiten gab es durch alle Epochen hinweg, das ist den Römern tatsächlich nichts Eigenes. Während aber die Leichen der Verbrecher nach ihren qualvollen Hinrichtungen an Haken aus der Arena weggeschleift und in Massengräber geworfen wurden, ließ man die toten Gladiatoren normalerweise auf Bahren hinaustragen und würdevoll bestatten. Dieses Verhalten zeigt, dass es sich bei den Gladiatorenkämpfen nicht bloß um bedeutungsloses Abschlachten handelte. Doch worum handelte es sich dann? Um das Phänomen zu begreifen, muss man sich fragen, welche Funktion die Kämpfe für die römische Kultur hatten. Denn hier ging es offenbar um viel mehr als nur darum, Mordlust durch ein Massenereignis zu befriedigen.

Ein Kosmos für sich – das Amphitheater

Ein Tiger, der gegen einen Löwen kämpft. Ein Nashorn, das wutentbrannt auf einen Stier losgeht. Eine Gazelle, die sich zu Füßen des Kaisers verbeugt und schließlich begnadigt wird. Tiere, die wie aus dem Nichts auftauchen und ebenso schnell wieder vom Boden verschluckt werden. Männer von solcher Kraft, dass sie sich gegenseitig nicht besiegen können. Er kommt nicht mehr aus dem Staunen heraus – doch was er sieht, wird noch viel absurder: Orpheus wird von einem Bären zerfleischt. Ein Stier besteigt Pasiphae, die Tochter des Sonnengottes Helios. Herkules, Dädalus, Venus und Mars – sie alle sind plötzlich real. »Was auch der Mythus erzählt, führt die Arena dir vor«, schreibt er. Er muss es wissen. Denn er hat es mit seinen eigenen Augen gesehen.

Der Dichter, der mit seinen fantastisch anmutenden Schilderungen berühmt werden sollte, hieß Marcus Valerius Martialis, kurz Martial. Die Szenen, die bei ihm so viel Eindruck hinterließen, spielten sich im »Amphitheatrum Flavium« ab; erst im Mittelalter wird das Bauwerk den Namen »Kolosseum« erhalten. Zu der Entstehung dieses Amphitheaters vertreten führende Altertumswissenschaftler unterschiedliche Auffassungen. Ob aber nun völlig neu geschaffen oder lediglich auf einen bereits existierenden Vorgängerbau platziert: In jedem Fall ließ Kaiser Titus das vom ersten flavischen Kaiser Vespasian errichtete Bauwerk im Jahr 80 n. Chr. auf pompöse Art einweihen. Auf dem Programm soll sogar eine Seeschlacht gestanden haben, wofür die gesamte Arena unter Wasser gesetzt wurde. Im Rahmen der Tierhetzen sollen an einem einzigen Tag 5000 Tiere getötet worden sein. Die Hinrichtungen von Kriminellen wurden spektakulär in Szene gesetzt: Statt einer bloßen Exekution mussten die Verurteilten die grausamen Schicksale mythologischer Figuren nachspielen, wie den Tod des Orpheus. Der Legende nach wurde er von thrakischen Frauen zerrissen – in der Arena übernahmen Bären, Löwen und andere Wildtiere diese Aufgabe. Tiefste Demütigung erlitten die Verurteilten bis zu ihrem bitteren Ende, Zuschauer wie Martial verfolgten die Szenen mit Euphorie. Zwischen den einzelnen Programmpunkten konnte das Publikum an einer Lotterie teilnehmen. Kleine hölzerne Bälle wurden zu den Tribünen hochgeworfen: Wer eine solche Kugel fing, war vielleicht der glückliche Gewinner einer nagelneuen Silberkanne, eines Brotlaibes oder auch eines eleganten Mantels – zu den Preisen gehörten sogar Kühe und Sklaven. Die Einweihung des Kolosseums wurde rundum zum Erfolg, das Volk vergötterte Titus. Nicht weniger als 100 Tage dauerten die Festlichkeiten. Sie gaben einen Vorgeschmack darauf, wie viel Tier- und Menschenblut an diesem Ort zukünftig fließen würde.

Vor dem Kolosseum war es, wo ich 2002 meinen ersten Gladiator kennenlernte. Unsere Lehrer hatten sich damals ein – unserer Meinung nach – recht sportliches Programm für die Studienreise vorgenommen, das wir Schüler mehr oder weniger begeistert mitmachten. All die Sehenswürdigkeiten – Pantheon, Circus Maximus, Sixtinische Kapelle, Engelsburg,

Das Kolosseum, wie es zur Zeit Kaiser Hadrians (117–138) ausgesehen haben könnte. Zeichnung von C. Nispi-Landi aus dem späten 19. Jahrhundert.

Petersdom … –, sie alle haben mich beeindruckt. Dieser Gladiator aber ist mir in ganz besonderer Erinnerung geblieben. Unübersehbar stand er in voller Montur vor dem Eingang zum Kolosseum, als sei er eben aus einem Asterix-Comic gesprungen. Dass seine Verkleidung eher an einen römischen Zenturio als an einen Gladiator erinnerte, fiel uns gar nicht erst auf und war in diesem Moment auch völlig unwichtig. Wer in einem solchen Anzug ausgerechnet vor dem Kolosseum steht, konnte doch nur ein Gladiator sein. Während ich einen respektvollen Abstand zwischen ihm und mir einhielt, liefen zwei meiner Klassenkameraden sofort neugierig auf ihn zu und –

schnapp! – die Touristenfalle sprang augenblicklich zu. Wenige Momente später gingen die Jungs mit einem lustigen Foto nach Hause – und der Gladiator war um zehn Euro reicher. Vermutlich kann jeder, der selbst bereits in Rom war, von mindestens einem ganz ähnlichen Erlebnis berichten. Jedes Mal, wenn ich in den folgenden Jahren über die Gladiatoren las oder in irgendeiner anderen Form mit dem Thema in Berührung kam, erinnerte ich mich wieder zurück an diesen Touristen-Gladiator vor dem Kolosseum.

Dafür, dass das Kolosseum seit bald 2000 Jahren existiert, hat es sich erstaunlich gut erhalten: zumindest steht weiterhin ein Großteil der Fassade. Wenn man das Innere des Gebäudes betritt, zeigen sich die Spuren der Zerstörung durch den jahrhundertelangen Verfall umso deutlicher. Es ist, als sei nur das Skelett des Bauwerks übrig geblieben: Zerstörte Steintribünen, nackte Marmorsäulen und moosbewachsenes Ziegelwerk, wohin man auch sieht. Zugänge und Treppenaufgänge gibt es zwar noch, Zuschauerränge und Podium hingegen sind vollständig verschwunden. Dort, wo sich einst der sandige Boden der Arena befand, liegen heute die nackten Grundmauern des Kellergewölbes. Ein beklemmendes Gefühl entsteht bei der Vorstellung, was da unten in der Vergangenheit passierte: Zum Tod Verurteilte verbrachten in den Kerkern ihre letzten Stunden, ausgehungerte Tiere standen zusammengepfercht in engen Käfigen, bis sie mithilfe von Falltüren und Aufzugkabinen in die Arena getrieben wurden, Gladiatoren warteten in den stickigen Gängen angespannt auf ihren Kampf. Schriftliche Quellen belegen, welch grausame Szenen sich im Kolosseum abspielten. Vielleicht floss nirgendwo auf der Welt so viel Blut auf so wenigen Quadratmetern wie hier. Dennoch wurde und wird das Kolosseum bis heute allein seiner schieren Ausmaße wegen bewundert – immerhin bot es rund 55 000 Zuschauern Platz. Vor lauter Bewunderung für das Bauwerk treten die brutalen Ereignisse manchmal allzu sehr in den Hintergrund. So prangte die unverkennbare Fassade des Kolosseums ab 1928 auf den Vorderseiten der Medaillen, die den Siegern der Olympischen Spiele verliehen wurden. Erst 70 Jahre später entstand eine Debatte darüber, ob ausgerechnet dieses Bauwerk die olympischen Ideale von Frieden und Brüderlichkeit vertreten sollte. Im Jahr 2004 wurde das Motiv schließlich ersetzt durch die über dem athenischen Panathinaiko-Stadion schwebende Siegesgöttin Nike.

Sumpf – Goldenes Haus – Kolosseum

Während im 7. Jahrhundert v. Chr. von Rom weit und breit noch keine Spur zu sehen war – die Menschen lebten hier in vereinzelten Siedlungen auf Hügeln, in möglichst weitem Abstand zu den sumpfigen, von Mücken verseuchten Tälern –, sah es wenige Jahrhunderte später schon ganz anders aus. Nachdem die Siedler nach und nach den Boden der Täler aufgeschüttet und die Sümpfe entwässert hatten, gab es bald ausreichend Platz für die vielen prächtigen Gebäude und Straßen, die das Stadtbild des späteren Rom prägen sollten. Auch dort, wo später das Kolosseum entstehen sollte, war einst Sumpf, dann Palastgelände: Es steht mitten auf dem ehemaligen Areal der Domus Aurea. Nach dem Großen Brand im Jahr 64 n. Chr. hatte Nero mit ihrer Errichtung im Herzen der Stadt begonnen – Säulenhallen, Villen und Parkanlagen, Wälder und Weinberge, ein kunstvoll angelegter See auf einer Fläche von insgesamt 100 Hektar – kein Bauwerk versinnbildlichte den Größenwahn des Bauherrn so sehr wie diese Palastanlage. Dass sein Nachfolger Vespasian ausgerechnet hier mit dem Bau des Amphitheaters begann, das zehn Jahre später von dessen Nachfolger Titus eingeweiht werden sollte, trug eine klare Botschaft: Der flavische Kaiser gab dem Volk das Zentrum Roms zurück. Fälschlicherweise wird ausgerechnet Nero häufig mit dem Kolosseum in Verbindung gebracht – zum Beispiel in Filmen wie *Quo Vadis*, als Sir Peter Ustinov in der Rolle des Kaisers unzählige Christen in der Arena des Amphitheaters hinrichten lässt. In Wahrheit aber hatte Nero niemals Christen im Kolosseum hinrichten lassen, geschweige denn, dass er das Amphitheater selbst jemals betreten hätte.

Martial war begeistert. Er verglich das Kolosseum mit den ägyptischen Pyramiden, sprach von einem neuen Weltwunder. Wenn man seine Biografie kennt, erscheint dieser Enthusiasmus in einem anderen Licht: Als Liebling des römischen Kaiserhauses zählte zu Martials bekanntesten Gönnern Kaiser Titus höchstpersönlich. Dennoch: Auch Martials Zeitgenossen wird das prächtigste aller Amphitheater in großes Staunen versetzt haben. 50 Meter war es hoch, allein der Durchmesser der ovalen Arena betrug 188 Meter. Mit den 80 Eingängen war es jedem Zuschauer möglich, schnell und nur nach einem kurzen Weg zu seinem Sitz- bzw. Stehplatz zu gelangen. Rund 100 000 Kubikmeter Travertin und 300 Tonnen Eisen wurden verbaut. Zweifellos war das Kolosseum ein architektonisches Meisterwerk, und die Römer hatten jeden Grund, darauf stolz zu sein.

Sehen und gesehen werden

Im Kolosseum trafen Menschen aufeinander, die sich im Alltag nur selten über den Weg liefen: Vom Kaiser bis zum Sklaven waren alle Gesellschaftsschichten vertreten. Tatsächlich, und in der Zeit der Antike alles andere als selbstverständlich, war auch Frauen der Besuch der *munera* gestattet. Ausgerechnet bei dieser Veranstaltung, in der sich so ziemlich alles um Waffen, Kraft, Tapferkeit und andere dem männlichen Geschlecht zugewiesene Eigenschaften drehte, durften sie dabei sein. Die Zeitgenossen empfanden das als befremdlich. Im Gemälde *Pollice Verso* von Jean-Léon Gérôme (siehe Seite 3) sind mehrere weiß umhüllte Frauen zu sehen: In vorderster Reihe lehnen sie mit gesenktem Daumen am Balkon. Ausgerechnet die jungfräulichen Priesterinnen der Göttin Vesta scheinen sich hier den Tod des besiegten Gladiators ganz besonders zu wünschen. Frauen waren nicht nur unter den Zuschauern, sondern kämpften sogar selbst als Tierhetzerinnen oder Gladiatorinnen – ein provokantes Szenario, das sich über die alltäglichen Geschlechterverhältnisse hinwegsetzte, gerade auf die männlichen Zuschauer aber auch sehr erotisch wirken konnte. Sie gaben sich Künstlernamen wie »Achillia« oder »Amazon«, kämpften entweder gegeneinander oder etwa gegen kleinwüchsige Männer. Solche Kämpfe sollten in erster Linie komisch sein und hatten bestimmt nicht denselben Stellenwert wie die Kämpfe zwischen »echten« Männern. Erst 200 n. Chr. wurde es Frauen verboten, in der Arena aufzutreten.

Nicht nur die Bewohner Roms ließen sich von den Gladiatorenkämpfen anlässlich der Einweihung des Kolosseums anlocken: Den Berichten Martials nach kamen Menschen aus den entferntesten Regionen des Imperiums wie Ägypten und

Äthiopien in die Hauptstadt. In gewisser Weise spiegelte das Amphitheater die Welt des Römischen Reiches im Kleinformat wider. Der Kaiser konnte hier seinen Untertanen so nah wie nirgendwo sonst sein und mit ihnen kommunizieren. Und obwohl das Volk in der Kaiserzeit offiziell nichts mehr zu melden hatte – denn der Kaiser wurde nicht vom Volk gewählt –, bemühten sich die Herrscher (die meisten jedenfalls) weiterhin tunlichst um das Wohlwollen ihrer Untertanen. Denn auf dem Kaiser, nicht auf dem Senat oder der Aristokratie ruhten die Erwartungen der Römer. Wenn das Volk nicht mehr hinter ihm stand, drohte ihm das Schicksal, von politischen Gegnern gestürzt oder sogar Opfer eines Mordanschlags zu werden. Das passierte oft genug – die Kaiser lebten gefährlich.

Panem et circenses

»... das Volk ... hält sich zurück jetzt: nach zwei Dingen lechzt es nur – nach Brot und Spielen.«
Juvenal (römischer Satiriker, 1./2. Jh. n. Chr.)

»Brot und Spiele« bleibt bis in die Gegenwart die leicht zynische Bezeichnung für die materielle Grundsicherung und die unterhaltsamen Spektakel, mithilfe derer die Herrscher versuchen, die Massen von ihrer Politik abzulenken. Doch in der Wissenschaft ist man sich heute einig, dass die Ereignisse in den römischen Amphitheatern sicherlich nicht zum politischen Desinteresse des Volkes beitrugen. Im Gegenteil: Das Amphitheater glich einem Politbarometer; auf den Zuschauerrängen konnten die Römer ihrer Stimmung gegenüber den

Regierenden offenen Ausdruck verleihen – ob nun gegenüber den Magistraten und Senatoren in der Republik oder gegenüber dem jeweils herrschenden Kaiser in der Zeit des Prinzipats. Den Regierenden wiederum boten die Gladiatorenkämpfe eine optimale Möglichkeit, sich selbst der breiten Masse zu präsentieren, auf die Stimmungslage zu reagieren und Einfluss zu nehmen. Die meisten von ihnen wussten, wie sinnvoll es für sie war, den Untertanen »gute« *munera* zu bieten – je spektakulärer sie diese gestalteten, desto mehr Popularität konnten sie in der Bevölkerung für sich gewinnen.

Was meinte Juvenal mit »Brot und Spiele« ganz konkret? Brot stand für die Getreiderationen, die den Bürgern Roms stark verbilligt, teils sogar kostenlos zugeteilt wurden – fast wie eine Art antike Sozialleistung. Mit den »Spielen« waren längst nicht nur die Gladiatorenkämpfe gemeint – denn die römische Unterhaltungsbranche bot deutlich mehr als die *munera*:

Zu den größten Schauspielen zählten die Wagenrennen. Im Circus Maximus hatten mehr als 150 000 Menschen Platz und konnten auf ihre Favoriten Wetten abschließen. Die Wagen fuhren für einen der vier Rennställe: Für die Grünen, die Weißen, die Blauen oder für die Roten. Während des Rennens mussten die Lenker nicht nur besonders schnell sein, sondern auch höllisch aufpassen, von ihren Konkurrenten nicht weggedrängt oder gerammt zu werden – die Rennfahrer der Antike kannten diesbezüglich keinerlei Skrupel. In den engen Kurven der Rennbahn gerieten die Pferde häufig ins Schleudern und stürzten samt Wagen und Lenker ungebremst zu Boden.

Wem diese Form der Unterhaltung zu aufregend war, der besuchte stattdessen das Theater. Ganz so harmlos wie heute ging es dort allerdings auch nicht zu, zumindest im Publikum.

Besonders beliebte Akteure sammelten ganze Scharen von Bewunderern um sich; kamen die Fans unterschiedlicher Schauspieler zusammen, empfanden sie nur wenig Toleranz für das jeweilige Gegenüber: Jedenfalls kam es während der Aufführungen immer wieder zu größeren Prügeleien. Die Komödien handelten meistens von Liebschaften, Ehebrüchen, Betrügereien oder Giftmord … je obszöner, desto besser. Ihre Ensembles setzten sich aus feststehenden Charakteren zusammen: Da gab es beispielsweise den *maccus*, den clownesken Tölpel, der von den anderen immer betrogen und verspottet wurde, oder den *pappus*, den einfältigen Alten. Neben Unterschieden teilten die festen Figuren der Komödien auch gewisse Gemeinsamkeiten – wie Trunksucht, Gefräßigkeit oder Geilheit. Offenbar zogen leicht verdauliche Geschichten das römische Publikum besonders an (Trash-TV lässt grüßen). Die Tragödien hatten wie ihre Vorbilder, die griechischen Dramen, anspruchsvollere Inhalte, und um ihre Zuschauer nicht an die verständlicheren Komödien, Wagenrennen und Gladiatorenspiele zu verlieren, mussten die Organisatoren deshalb auf optische Blickfänge setzen. So konnte es schon mal passieren, dass ein ganzes Schiff auf der Bühne stand. Mit der Figur des Pantomimus fand eine entscheidende Metamorphose der römischen Tragödie statt: Ein einziger Schauspieler brachte die Handlung – zumeist aus Themen der griechischen Mythologie geschöpft – allein durch Gesten und Mimik zum Ausdruck. Statt langer Dialoge bekamen die Zuschauer radikal zusammengekürzte Stücke zu sehen, in denen ein Höhepunkt voller Spannung und Emotionen auf den nächsten folgte. Bemerkenswerterweise kritisierten Vertreter der intellektuellen Oberschicht das Theater von allen Unterhaltungsformen am meisten – als einen Ort, der Sitte und Anstand gefährdet.

Den Römern gefielen Tierhetzen, auch unabhängig von den Gladiatorenkämpfen. Zebras, Leoparden, Bären und Flusspferde: Exotische Kreaturen aus allen Teilen des Römischen Reiches wurden massenweise in die Amphitheater verfrachtet, wo sie unter qualvollsten Bedingungen verendeten. Im Anschluss an die Hetzen konnten die Römer das Fleisch der erlegten Wildtiere mitnehmen, um sich abends daraus eine Mahlzeit zuzubereiten. Ganze Tierpopulationen in afrikanischen Regionen sollen auf diese Weise ausgerottet worden sein.

Schließlich gab es noch die Naumachien, die Seeschlachten. Sie waren derart aufwendig inszeniert, dass die Römer sie zumeist außerhalb der Arenen auf natürlichen oder künstlich angelegten Seen stattfinden ließen. Der berühmte Spruch »Heil dir Caesar, die, die sterben werden, grüßen Dich!« ist für eine Naumachie auf dem Fuciner See in den Abbruzzen überliefert, die von Kaiser Claudius ausgerichtet wurde. Insgesamt 19 000 verurteilte Verbrecher kämpften hier gegeneinander bis zum Tod. Die Worte, mit denen sie zuvor den Kaiser gegrüßt haben sollen, wurden später fälschlicherweise mit den eigentlichen Gladiatoren in Verbindung gebracht, beispielsweise in Kubricks Film *Spartacus* – in der Szene, als Spartacus seinen Kampf in der Arena antritt. Einen Beleg dafür, dass Gladiatoren diese Worte im Amphitheater zu Beginn eines Duells tatsächlich sprachen, gibt es allerdings nicht.

Zu Ehren der Götter?

Als Rom zu einer der führenden Weltmächte aufstieg, erlebte die römische Unterhaltungsbranche einen enormen Aufschwung. Die *spectacula* wurden zum festen Bestandteil des

Lebens, auch in den Provinzen. Bei allem Vergnügen darf aber der ernste, feierliche Aspekt nicht vergessen werden, der hinter jedem dieser Spiele steckte. Mit den öffentlichen Schauspielen ehrten die Römer Jupiter, Apollo, Ceres und andere Götter; sie waren immer in einen Kontext religiöser Rituale eingebettet. Die *ludi Romani* zu Ehren Jupiters beispielsweise begannen mit einer feierlichen Prozession, bei der das Kultbild des Staatsgottes vom Kapitol in Richtung Circus Maximus getragen wurde. In der Vorstellung der Römer nahmen die Götter persönlich an den Feierlichkeiten teil. Häufig zogen sich die einzelnen Spiele über viele Tage hin. Bis in das 2. Jahrhundert n. Chr. stieg die Zahl der Feiertage auf etwa 130 pro Jahr – dabei muss man aber berücksichtigen, dass die Römer zwar viele Feste feierten, dafür aber kein Wochenende kannten.

Die Architektur

Jedes Spiel wurde an einem eigens dafür bestimmten Schauplatz ausgetragen, so auch die Gladiatorenkämpfe. Die Zuschauer brauchten einen freien Blick, die Gladiatoren genügend Platz, um im Kampf vor- und zurückweichen zu können. Kein Gebäudetyp eignete sich hierfür architektonisch besser als das ellipsenförmige Amphitheater. Lange Zeit beließ man es bei provisorischen Zuschauertribünen aus Holz; erst im 2. bis 1. Jh. v. Chr. fingen die Römer an, diese aus Stein zu errichten. Ausgerechnet die Hauptstadt hinkte übrigens bei dem Bau eines permanenten Amphitheaters anderen italischen Städten lange Zeit hinterher. Während der republikanischen Zeit stellte sich der Senat quer: Bauwerke, mit denen sich die Bauherren vor allem selbst feiern wollten, waren ihm stets ein

Dorn im Auge. Außerdem teilte Rom das Problem aller größeren Städte: Ständig herrschte Platzmangel. Das Forum Romanum, wo die *munera* traditionell abgehalten wurden, war von Tempeln und anderen imposanten Gebäuden nur so vollgestopft. Daher mussten die Bürger der Hauptstadt vergleichsweise lange auf das steinerne Bauwerk warten, das zum prächtigsten von ganz Rom werden sollte. Auch wenn das Kolosseum nicht das erste seiner Art war, übte es dennoch von Anfang an eine ganz besondere Faszination auf die Menschen aus und wurde zum Meilenstein in der Geschichte der *munera*. Es stach vor allem durch seine Höhe heraus – frühere Amphitheater waren flacher gewesen, weil sie zum Teil in die Erde hinein gebaut waren. Alle späteren Amphitheater wurden nach dessen Vorbild gestaltet. Im ganzen Römischen Reich sprossen sie aus dem Boden, häufig ganz in der Nähe von Militärlagern, wo die Soldaten diese Form vom bewaffneten Kampf offenbar gerne verfolgten.

Amphitheater und die darin abgehaltenen Gladiatorenkämpfe entwickelten sich zu den Insignien der römischen Lebensart, neben Thermen, Tempeln und einigem anderen. Selbst in Provinzen, die fernab der Heimat lagen, schafften die Römer es, auf den wenigen Quadratmetern der sandigen Arena ihren Herrschaftsanspruch und ihre Wertvorstellungen überzeugend zu inszenieren und zur Schau zu stellen. Für den Westen lassen sich mehr Amphitheater nachweisen als für den Osten des Römischen Reiches. Das liegt aber nicht daran, dass die Menschen dort andere Unterhaltungsformen bevorzugt hätten: Da die romanisierten Griechen im Osten auf die bereits vorhandenen Theater und Stadien zurückgreifen konnten, funktionierten sie diese einfach um statt neue Gebäude hochzuziehen, machten sie sozusagen »gladiatorentauglich«.

Knausrigkeit mit Folgen

Ein geeigneter Schauplatz bot eine wichtige Voraussetzung für eine gute Show, ebenso entscheidend war aber die perfekte Planung. Nicht jeder *munerarius* verfügte über das Talent, sein Event gut zu planen. Zu den in dieser Hinsicht weniger Begabten zählte ein gewisser Attilius: Er baute in Fidenae nahe Rom ein Amphitheater, in der Hoffnung, mit Gladiatorenkämpfen den ganz großen Gewinn zu machen. Weil aber die Kosten sein Budget zu sprengen drohten, sparte er ausgerechnet im Fundamentbereich und bei den stützenden Holzbalken. In derselben Zeit regierte Kaiser Tiberius, der selbst so gut wie keine Schauspiele ausrichtete. Umso mehr Menschen zog es nach Fidenae, um sich bei den *munera* in dem neuen Amphitheater endlich mal zu amüsieren. Als die Zuschauer auf die Tribünen strömten, stürzten selbige unter dem Gewicht der Massen zusammen. Zehntausende sollen dabei ums Leben gekommen sein. Nach dieser Katastrophe durften auf Senatsbeschluss nur noch Personen mit einem Mindestvermögen von 400 000 Sesterzen Gladiatorenkämpfe veranstalten.

Auch eine Art von Akquise ...

Neben dem Suchen und Finden eines geeigneten Schauplatzes gab es weitere Dinge im Vorfeld zu erledigen. Für Gladiatorenspiele, die spektakulär und unvergesslich werden sollten, mussten geeignete Protagonisten herangeschafft werden – in fast unvorstellbaren Mengen. Allein schon den hohen Bedarf an exotischen Tieren zu erfüllen, glich einer Mammut-Aufgabe. Jahr für Jahr mussten Tausende Löwen, Bären, Hirsche,

Glossar

armatura: Waffengattung mit vorgeschriebenen Waffen und Rüstungsteilen

auctoratus: Freiwilliger Gladiator, der mit dem *lanista* eine Art Arbeitsvertrag abgeschlossen hat

bestiarius: Tierkämpfer

damnatio in ludum: Verurteilung zum Dienst in der Gladiatorenschule

damnatus ad gladium: Verurteilung zum Tod durch das Schwert

gladiatoria familia: Gladiatorengruppe

infamia: Rechtliche Beschränkungen für bestimmte Personengruppen

lanista: Besitzer einer Gladiatorentruppe

ludus: Gladiatorenschule

manica: Hand- und Armschutz

missio: Begnadigung in einem Wettkampf

munerarius: Veranstalter von Gladiatorenkämpfen

munus (pl. *munera*): Wörtlich »Dienst«, auch Bezeichnung für öffentliche Spiele, die Gladiatorenkämpfe, Hinrichtungen und Tierhetzen umfassten

naumachia: Simulierte Seeschlacht mit verurteilten Verbrechern

palus: Übungspfahl der Legionäre und Gladiatoren, auch Bezeichnung für die Rangklassen der Gladiatoren

pompa: Rituelle Prozession bei einem *munus*

sine missione: Gladiatorenkämpfe, bei denen bis zum Tod gekämpft werden musste

spectacula: Öffentliche Schauspiele, auch für das Amphitheater verwendet

Stiere, aber auch Flusspferde, Krokodile und viele weitere Tierarten aus den entlegensten Regionen des Römischen Imperiums zu den Amphitheatern transportiert werden. Bereits auf der langen Reise – auf Pferdekarren oder Frachtschiffen – werden viele der Tiere unter schlimmen Bedingungen verendet sein; die hohe Sterblichkeitsrate während des Transports war als Betriebsrisiko einkalkuliert.

Ebenfalls aufwendig gestaltete sich die Suche nach den Gladiatoren; immerhin hatten sie als die Stars der Veranstaltung mit ihrer Kampfkunst zu brillieren. Dem *munerarius*, der zugleich Amtsträger war, boten sich verschiedene Wege, um Gladiatoren für seine Spiele zu beschaffen; manche *munerarii* in den Provinzen verfügten sogar über eigene Gladiatorentruppen, die sie einfach an ihren amtlichen Nachfolger weiterverkauften. Doch zu den günstigsten und beliebtesten Möglichkeiten gehörte wohl das Aufsuchen eines *lanista*, des Besitzers einer privaten Gladiatorenschule. Die *lanistae* hatten keinen sonderlich guten Ruf: Man hielt sie für zwielichtige Persönlichkeiten, denen man misstraute und mit denen man sich daher lieber gar nicht erst einließ (einen hervorragend zwielichtigen *lanista* lieferte Sir Peter Ustinov in seiner Rolle des Batiatus in »Spartacus«, für den er mit einem Oscar ausgezeichnet wurde). *Munerarii*, die ihr Amt ehrenvoll zu führen hatten, werden sich deshalb ungern mit *lanistae* persönlich getroffen haben; um nicht ihren eigenen Ruf in den Schmutz zu ziehen, konnten sie statt ihrer selbst einen Vertrauensmann zum *lanista* senden. In der Gladiatorenschule präsentierte der *lanista* daraufhin seine Gladiatoren. Die Mietpreise waren unterschiedlich hoch: Je besser der Gladiator kämpfte, desto höher wurde sein Rang und damit auch sein Wert eingeschätzt. Sobald die Verhandlungen abgeschlossen waren, wurde der

Vertrag aufgesetzt. Sofern der Gladiator den Kampf überleben sollte, würde es beim Mietpreis bleiben. Der Tod oder die schwere Verletzung eines Gladiators dagegen sollte einen *munerarius* teuer zu stehen kommen: Denn dann musste er den vollen Wert des Gladiators, das Fünfzigfache des vereinbarten Mietpreises bezahlen. Die Kaiser ließen für ihre *munera* ebenfalls Gladiatoren über *lanistae* mieten. Darüber hinaus verfügten sie aber auch über eigene Gladiatorenschulen, dazu gehörte zum Beispiel der Ludus Magnus neben dem Kolosseum.

Eventmanagement vs. Erwartungsdruck

Gefangennahme und Rekrutierung, Transport, Training und Ernährung der Protagonisten – allein die Vorbereitungen eines *munus* waren aufwendig und kostspielig. Auch das Tagesprogramm selbst musste gut durchdacht sein, mit besonderer Dekoration und vielen Höhepunkten. Schon um die Zeitenwende klagte der römische Schriftsteller Titus Livius, dass die Spiele sich von ihren »gesunden Anfängen« zu einem »kaum erträglichen Wahnsinn« entwickelt hätten. Bereits Caesar beeindruckte das Volk durch das Ausrichten großartiger Spiele. Augustus hatte die Messlatte für seine Nachfolger ebenfalls hoch angesetzt: Während seiner Herrschaft sollen 10 000 Gladiatoren gegeneinander gekämpft haben und bei Tierhetzen 3500 Tiere getötet worden sein. Der Teufelskreis nahm kein Ende: Jeder Kaiser veranstaltete einen *munus* mit dem Ziel, diesen zum teuersten, aufwendigsten und spektakulärsten Spiel aller Zeiten werden zu lassen. Um aus dem Schatten seiner Vorgänger zu treten, musste der Kaiser noch viel spendabler sein. Die Zahl der Gladiatorenkämpfe verdoppelte und verdreifachte sich, nach oben hin gab es keine Grenzen mehr. Jeder Kaiser versuchte, mit seinen eigenen Spielen den Rekord zu brechen, schließlich wollte er nicht am Ende als Geizhals in Erinnerung bleiben.

Die *munerarii* außerhalb Roms standen ebenfalls unter einem hohen Erwartungsdruck. Der Erfolg beziehungsweise Misserfolg der Amtsinhaber fiel letztendlich auf den Kaiser zurück, und mit ihm wollte es sich niemand verscherzen. Umso schlimmer war es, wenn ein Gladiatorenkampf bei den Zuschauern Spott und Hohn auslöste, wie es im 1. Jahrhundert n. Chr. der römische Autor Petron in der *Cena Trimalchionis*, einer Teilerzählung aus seinem Roman *Satyricon*, festgehalten hat. So soll sich ein Mann namens Norbanus mit seinen Gladiatoren total blamiert haben, wie der Erzähler verärgert berichtet:

»Er hat Gladiatoren aufgeboten, die keine zwei Groschen wert waren, so altersschwach schon, dass sie umgefallen wären, hättest du sie nur angepustet … Berittene hat er töten lassen, die aussahen wie Lampenverzierungen, du hättest sie für Gockelhähne halten können, der eine ein lendenlahmer Esel, der zweite kriegte die Füße nicht mehr richtig hoch, der Reservemann ein Scheintoter als Ersatz für einen Toten, ein Kerl mit schon durchgeschnittenen Sehnen. Der Einzige mit einem Hauch von Kampfgeist war ein Thraker, der wenigstens selbst nach den Anweisungen kämpfte. Kurz und gut, alle kriegten später die Peitsche zu spüren, zu laut hatten sie von der ganzen Menge ›Draufgehen!‹ zu hören bekommen, aber es waren komplette Hasenfüße.«

Das Publikum war anspruchsvoll und ließ sich offenbar nicht so einfach zufrieden stellen. Ein Veranstalter sollte herausragende Gladiatorenkämpfe abliefern, in quantitativer wie auch qualitativer Hinsicht.

Aus einer einst freiwilligen Geste hatte sich eine obligatorische Leistung entwickelt – mit verheerenden Folgen. Manch ein *munerarius* trieb die Kosten seiner Veranstaltungen derart in die Höhe, dass immer wieder mit gesetzlichen Regulierungen versucht wurde, den ausartenden Zuständen die Stirn zu bieten. Wie viele Menschen bei allen *munera* im gesamten Römischen Reich ihr Leben ließen, lässt sich kaum sagen. Wissenschaftler schätzen, dass allein im Kolosseum innerhalb von rund 300 Jahren 300 000 Menschen starben.

Die Zuschauer

Das Amphitheater glich einem riesigen Präsentierteller. Wegen der elliptischen Form des Bauwerks standen die Plätze an den sich verjüngenden Seiten ganz besonders im Fokus des Publikums. Dort saßen die Veranstalter, Senatoren und Beamte. Wenn sie sich auf ihre Plätze begaben, wurden sie bestenfalls bejubelt und beklatscht. Schlimmstenfalls wurden sie angezischt oder mit eisigem Schweigen begrüßt. Die Zuschauer zeigten bezüglich ihrer Gefühle gegenüber den Regierenden nur wenige Hemmungen – in der Masse fühlten sie sich sicher. Das Publikum nutzte öffentliche Schauspiele auch, um konkrete politische Forderungen an den Herrscher zu stellen. So sollen die Zuschauer unter der Herrschaft des Caligula während eines Wagenrennens im Circus Maximus lautstark eine Steuersenkung gefordert haben. Zumindest in diesem Fall ging der Plan nicht auf. Als Antwort soll Caligula einige der Zuschauer hingerichtet haben!

Im Kolosseum stand allen voran der Kaiser unter genauester Beobachtung. Den Zuschauern entgingen keine seiner Bewegungen und Gesten. Ständig musste er aufpassen, nicht durch irgendein Fehlverhalten sein Image zu ruinieren. Das Mindeste, was man von ihm verlangte, war seine Anwesenheit bei den *munera*. Kaiser Tiberius war selbst das schon zu viel: Er verabscheute Gladiatorenkämpfe, weshalb er sie gar nicht erst ausrichtete und sich auch auf den *munera* anderer Veranstalter kaum blicken ließ. Zu allem Überfluss zog er sich irgendwann ganz aus der Hauptstadt zurück und verbrachte seine letzten Regierungsjahre in seiner Villa auf Capri. Da konnte es den Römern während seiner Herrschaft noch so gut gehen (Tiberius war als Feldherr wie auch in der Verwaltung der Provinzen und der Finanzen erfolgreich) – dieser Kaiser hatte im Volk nur wenige Fans. Die meisten Herrscher zeigten in dieser Hinsicht mehr Volksnähe. Sie gingen regelmäßig zu den Gladiatorenspielen und verfolgten, unter den Augen der Zuschauer, demonstrativ interessiert und begeistert die Kämpfe. Viele Kaiser erfreuten sich aber auch abseits jeglichen politischen Kalküls an den Gladiatorenkämpfen: Claudius veranstaltete wieder eine stattliche Zahl an *munera*, sein Vorgänger Caligula soll nicht nur freigeborene Bürger zum Kampf in der Arena gezwungen haben, sondern sogar selbst als Gladiator aufgetreten sein. Letzteres wird auch über Kaiser Commodus berichtet (zu Commodus siehe Seite 86). Keineswegs wollten die Verfasser Kaiser wie Claudius, Caligula oder Commodus mit diesen Erzählungen würdigen. Vor allem von Herrschern, die als Tyrannen in die Geschichte eingingen und ein eher unterkühltes Verhältnis zur Aristokratie pflegten, wurden solche Anekdoten, ob nun wahr oder erfunden, erzählt.

Einerseits musste der Kaiser die Erwartungen seiner Untertanen erfüllen – viele Kämpfe, spannende Unterhaltung, persönliche Anwesenheit und sichtbare Anteilnahme –, andererseits setzte er auch eigene Erwartungen in die Spiele. Hier wie nirgendwo sonst konnte er mit den römischen Bürgern kommunizieren. Das Programm eines *munus* vermittelte unterschiedlichste Botschaften an das Volk: Warum wurden wilde Tiere zu Tausenden in den Arenen abgeschlachtet? Weil der Mensch die Tier- und Pflanzenwelt zu unterjochen versuchte – und weil die Römer mit Tieren aus aller Herren Länder zeigen wollten, wie groß ihr Reich ist. Warum wurden Verbrecher mit brutalsten Methoden hingerichtet? Weil das zeigen sollte, dass Recht und Ordnung herrscht und vom Kaiser mit allen Mitteln aufrechterhalten wird. Dass die Opfer – Tiere wie auch Menschen – dabei häufig als mythologische Figuren auftraten oder historische Ereignisse nachspielten, unterstrich des Kaisers Macht, Mythos und Geschichte in die Gegenwart zu holen.

Auch in anderer Hinsicht ging es bei den Gladiatorenkämpfen nicht nur um reine Unterhaltung. Die Römer sollten sehen und lernen: Stärke, Disziplin, Standhaftigkeit, Todesverachtung und Tapferkeit. Das waren die römischen Tugenden, mit denen sie sich von den »wilden Barbaren« hervorheben sollten. Gladiatorenkämpfe verdeutlichten die Werte, die jeder römischer Soldat brauchte. So, wie ein mutiger Gladiator belohnt wurde, wurde auch ein mutiger Soldat belohnt, so, wie ein feiger Gladiator bestraft wurde, wurde auch ein feiger Soldat bestraft. Tapferkeit, *virtus*, gehörte zu den wichtigsten Tugenden für eine auf Militär gegründete Gesellschaft, wie es die römische war. Eine Kombination aus Propaganda und Schulunterricht in Geschichte, Mythologie und römischen Werten – das bekamen die Römer im Amphitheater zu sehen.

Die Kommunikation zwischen Herrscher und Volk im Kolosseum war wechselseitig, vielleicht so stark wie nirgendwo sonst in Rom. Hier konnten die Römer ihre Gefühle gegenüber den Regierenden zeigen; zugleich wurden sie mit *munera* unterhalten, in denen sie mit dem Tod anderer unmittelbar konfrontiert wurden – bei den Tierhetzen und bei den Hinrichtungen, aber auch bei den Gladiatorenkämpfen. War es tatsächlich das, was das Volk wollte? Amüsierte sich die Masse erst dann so richtig, wenn ein Gladiator seinem Gegner mit dem Schwert den Todesstoß versetzte? Um Antworten auf diese Fragen zu finden, geht es von Rom weiter in Richtung Süden – an den Fuß des Vesuvs.

Wir wollen Blut sehen! Aber nicht nur ...

Ein früher Morgen in Pompeji. Zwischen den Häuserzeilen dringen die ersten Sonnenstrahlen durch und kündigen einen heißen Tag an. Bereits jetzt herrscht reges Treiben in der Stadt. Überall hört man das Hufgeklapper von Maultieren – schwerbeladen mit Körben voller Obst und Amphoren werden sie von ihren Herren durch die Stadt geführt. Aus manchen Fenstern dringt der Duft von frischgebackenem Brot. Der Alltag nimmt seinen Lauf. Doch irgendetwas scheint heute anders zu sein als sonst. Männer, Frauen und Kinder drängen sich eilig durch die engen Gassen, wirken aufgeregt und angespannt. Einige bleiben vor einer Hauswand stehen, auf der in großen Buchstaben geschrieben steht:

»Zwanzig Gladiatorenpaare, Eigentum des D. Lucretius Sater Valens, auf Lebenszeit Priester des Nero Caesar, Sohn des Augustus, und zehn Gladiatorenpaare, Eigentum seines Sohnes D. Lucretius Valens, werden am 8., 9., 10., 11. und 12. April in Pompeji kämpfen. Vollständige Tierhetze und Sonnensegel.«

Für die meisten ist diese Ankündigung keine Neuigkeit. Seit Tagen spricht die ganze Stadt von nichts anderem als den bevorstehenden Gladiatorenkämpfen. Und heute ist es endlich so weit – die *munera* beginnen in wenigen Augenblicken.

Pompeji ist für die Archäologen ein wahrer Glücksfall. Während des Vesuvausbruchs wurde die Stadt samt ihren Bewohnern 79 n. Chr. von einem Moment auf den anderen unter Lava und Bimsstein begraben. »Dank« dieser schrecklichen Katastrophe zählt Pompeji heute zu den am besten erhaltenen Stadtruinen der Antike; nirgendwo sonst lässt sich das römische Alltagsleben so detailliert nachvollziehen. Auch für Gladiatoren-Experten bietet Pompeji spannende Informationen. So gilt das 60 v. Chr. erbaute Amphitheater als das bisher älteste bekannte steinerne Amphitheater überhaupt, mit Platz für rund 20 000 Zuschauer. Darüber hinaus entdeckten Archäologen in der ehemaligen Gladiatorenkaserne zahlreiche originale Waffen und Helme. Reklame für die Gladiatorenkämpfe in Form von Wandinschriften gehört ebenfalls zu den besonderen Funden; mit diesen warben die Veranstalter bereits im Vorfeld für ihre *munera*. Manche davon lieferten nur die wichtigsten Eckdaten: Den Namen des Veranstalters, die Anzahl der Gladiatorenpaare, Ort und Datum. Viele Veranstalter teilten aber zusätzlich noch Details zum Rahmenprogramm und besondere Extras mit, zum Beispiel, ob es Sonnensegel geben wird. Angesichts des mediterranen Klimas und den heißen Sommern Italiens war das für die Zuschauer mit Sicherheit eine wichtige Zusatzinformation.

Trompetenklänge locken die Menschen aus den Gassen weiter zur Hauptstraße. Dort sind die Fußwege bereits völlig überfüllt; jeder versucht, zwischen den Köpfen der vorderen hinweg einen Blick auf die vorbeiziehende *pompa* zu gewinnen. Bei der feierlichen Prozession schreiten allen voran die Amtsdiener des Veranstalters. Ihnen folgen Musiker und Diener, die Informationstafeln, Götterstatuen sowie die Waffen der Gladiatoren tragen. Auch die Gladiatoren laufen in der Prozession mit. Während die Zuschauer die vorbeiziehenden Kämpfer von oben bis unten mustern, unterhalten sie sich aufgeregt miteinander: »Welcher Gladiator ist dein Favorit?«, »Hast du Ferox gesehen? So sieht ein echter Sieger aus!« »Wie bitte, du wettest für Achill, diesen schmächtigen Zwerg?! Um den wegzufegen, reicht doch ein Atemzug.«

Zumindest so ähnlich könnte sich der Festzug abgespielt haben. In jedem Fall wurde den Zuschauern hier die Gelegenheit geboten, die Stars des *munus* genauer unter die Lupe zu nehmen. Da während der *munera* begeistert gewettet wurde, ließen sich allein deshalb wohl viele Menschen den Festzug nicht entgehen: Sie konnten die Kämpfer bei dieser Gelegenheit genau in Augenschein nehmen und die jeweiligen Stärken und Schwächen besser abschätzen. Für den ein oder anderen wird es nicht die erste Begegnung mit den Gladiatoren gewesen sein. Bereits am Vorabend saßen diese bei einem Festbankett zusammen – nicht in gemütlicher Runde, sondern mitten auf einem öffentlichen Platz. Wie auf einem Präsentierteller konnte jeder den Kämpfern beim Essen zuschauen, vielleicht sogar ein kleines Schwätzchen mit einem von ihnen führen. Mit der *cena libera* wollte der *munerarius* seinen Dank gegenüber den Teilnehmern ausdrücken, denn immerhin versprach er sich von ihren Kämpfen viel Popularität. Wahrscheinlich sollte das Festbankett potenzielles Publikum anlocken: eine Art Marketingveranstaltung.

Nach der *pompa* zieht es alle weiter zum Schauplatz des Geschehens, zum Amphitheater. Hier treffen unterschiedlichste Gesellschaftsschichten aufeinander, denn für gewöhnlich genießen die Stadtbewohner kostenlosen Eintritt, so dass auch die arme Bevölkerung die Spiele besuchen kann. Die Massen drängen sich auf den Treppen und verteilen sich auf den Tribünen. Dabei kann sich nicht jeder nach Lust und Laune irgendeinen Platz aussuchen – seit der Herrschaft des Augustus – das haben wir schon gesehen – sorgt eine allgemein gültige Sitzordnung dafür, dass die Statusunterschiede auch an diesem Ort streng gewahrt blieben.

In den nächsten Stunden sehen die Zuschauer viele Menschen und noch viel mehr Tiere grausam verenden. Sklaven schleifen zwischendurch Berge von Kadavern und Leichen fort, streuen nach jedem Kampf, nach jeder Hinrichtung frischen Sand über die Blutspuren am Boden. Mit Parfüm gemischtes Wasser spritzt aus Rohren auf die Zuschauer herab – eine willkommene Erfrischung gegen die allmählich ansteigende Mittagshitze. Dann endlich, nachdem die Überreste der letzten Hingerichteten aus der Arena beseitigt wurden, beginnt das, worauf alle am meisten gewartet haben: Die Gladiatoren ziehen ein.

Vielleicht hat der ein oder andere das Festbankett und die *pompa* verschlafen und keine der Wandanzeigen gelesen. Doch auch wer die Akteure jetzt zum ersten Mal sieht, wird dank kleiner Täfelchen, die während des *munus* verteilt werden, über die Namen und Waffengattungen der Gladiatoren informiert. Wenn aber selbst dann noch irgendein Zuschauer nicht im Bilde sein sollte, ist das kein Grund zur Sorge: Vor jedem Kampf verkündet ein Herold noch einmal lauthals alle Eckdaten zu den auftretenden Kämpfern.

Wer glaubt, dass als nächstes Horden von Kämpfern in die Arena stürmten und blindlings aufeinander einschlugen, irrt sich. Die Zuschauer erwarteten speziell von den Gladiatoren alles andere als eine chaotische Schlacht, bei der man nicht weiß, wo man zuerst hinschauen soll. Ohne Frage wurden auch Massenkämpfe in der Arena aufgeführt. Doch die mit hohem Aufwand gut ausgebildeten Gladiatoren wären hierfür viel zu schade gewesen. Für diese Kämpfe wurden vermutlich verurteilte Gefangene eingesetzt. Wie bereits erwähnt, präsentierten die Veranstalter dem Publikum Kämpfe, die es daran erinnern sollten, was sie zu echten Römern machte: *virtus*, soldatische Tapferkeit. Das gelang nur im »übersichtlichen« Zweikampf. In einzelnen Duellen sollten die Gladiatoren tapfer bis zum Tod kämpfen, Fachkundige im Publikum achteten insbesondere auf das technische Können der Kämpfer. Niemand hatte Interesse daran, ein Spiel zu sehen, bei dem von vorneherein klar war, wer gewinnen würde. Deshalb gab es genaue Regeln, welche Kämpfer in welcher Ausrüstung gegeneinander antreten mussten.

Freizeitvertreib mit Suchtfaktor

Doch der moralische Aspekt der Gladiatorenkämpfe und die Vermittlung von Tugend standen nicht im Widerspruch zu der Tatsache, dass die Zuschauer – der eine vielleicht mehr als der andere – auch voyeuristische Lust empfanden. So berichtet der Kirchenvater Augustinus in den *Confessiones* von seinem Schüler Alypius, den seine Freunde während eines Besuches in

Rom mehr gezwungen als freiwillig zu Gladiatorenspielen ins Kolosseum schleppten. Damit seine Seele die heidnischen Szenarien in der Arena unbeschadet überstünde, wollte er vom Anfang bis zum Ende der Kämpfe geduldig mit verschlossenen Augen auf seinem Platz ausharren. Doch kaum hörte er die ersten Todesschreie und das Kreischen und Johlen der Zuschauer, war es dahin mit seinem disziplinierten Vorhaben. Er öffnete die Augen, und die Kämpfe zogen ihn sofort in den Bann. Alypius schaute nicht nur zu, sondern fieberte regelrecht mit. Mehr noch: Fortan war er es, der seine Freunden zu Gladiatorenspielen schleppte. Die Geschichte zeigt, dass die *munera* ein gewisses Suchtpotenzial in sich trugen – wenn mitunter selbst hartgesottene Gegner der Gladiatorenkämpfe in ihren Sog gerieten.

Die Nachmittagssonne brennt mittlerweile erbarmungslos auf Pompeji hinunter. In dem kesselförmigen Amphitheater sammeln sich die Ausdünstungen Tausender von Menschen, es riecht nach Schweiß und ungewaschener Kleidung. Ein warmer Windzug bewegt die riesigen Sonnensegel über den Tribünen nur merklich. Aber keiner der Zuschauer scheint sich an der stickigen Luft zu stören. Alle blicken gebannt auf die Mitte der Arena: Hector und Invictus stehen sich gegenüber.

Nach jedem gescheiterten Angriff fallen die beiden Gladiatoren zurück in eine lauernde Haltung. Mit gebeugten Knien drehen sie langsam Kreise – wie zwei hungrige Wölfe, die sich um eine genau in ihrer Mitte liegende, frisch erlegte Beute streiten. Die Gesichter der Gladiatoren sind von großen Helmen verdeckt. Trotzdem spüren die Zuschauer, wie sich die Blicke von Hector und Invictus ineinander gebohrt haben. Jeder ihrer Muskeln ist angespannt, jeder ihrer Schritte wirkt wohlbedacht. Unaufhörlich knirscht der Sand unter ihren Füßen, ab und zu kracht und dröhnt es laut, wenn die Schilde gegeneinander prallen. Treffen ihre Schwerter aufeinander, hallt ein scharfes metallisches Klirren über das Kampffeld. Beide Kämpfer wirken massiv und furchteinflößend, zugleich vollkommen konzentriert. Ihre Bewegungen sind geschmeidig, keine einzige davon überflüssig. Schon nach wenigen Momenten haben sie alle Zuschauer, selbst diejenigen auf den entferntesten Sitzreihen, in ihren Bann gezogen. Für Hector und Invictus existiert nur noch der Feind – für die Zuschauer nur noch der Augenblick.

Schnell hat das Publikum begriffen, dass hier ein Kampf auf höchstem Niveau geboten wird. Sowohl Hector als auch Invictus haben bereits an vielen *munera* teilgenommen; die Chancen, den Kampf zu gewinnen, stehen für beide gleich hoch. Genau aus diesem Grund wurde im Vorfeld entschieden, sie gegeneinander antreten zu lassen. Wer hätte sich schon gut unterhalten gefühlt, wenn ein Profi gegen einen Anfänger gekämpft hätte und das Duell somit bereits nach wenigen Sekunden entschieden gewesen wäre?

Während sich Hector und Invictus von der Statur her ähneln, zeigen sich erkennbare Unterschiede in ihrer Ausrüstung, der *armatura*. Hector kämpft als *murmillo*, mit einem großen gewölbten Schild, einer einzigen kurzen Beinschiene am linken Bein und einem Schwert mit gerader Klinge. Invictus dagegen verteidigt sich mit einem kleinen Schild, trägt zwei lange Beinschienen und ein gekrümmtes Schwert – die typische Ausstattung eines *thraex*. Die Köpfe beider Kämpfer werden von großen Visierhelmen verdeckt und beide tragen jeweils eine *manica*: einen Armschutz aus organischem Material. Forscher vermuten, dass dieser entweder aus mit Rosshaar gefülltem Leinen oder aus Leder angefertigt war.

Rund 20 unterschiedliche *armaturae* sind den Wissenschaftlern bekannt. Auf Mosaiken, Fresken und Reliefs ist der Kampf zwischen dem *murmillo* und dem *thraex* besonders häufig abgebildet. Beide gehörten zu den populärsten Gladiatorentypen. Ebenso beliebt waren die Typen *secutor* und *retiarius*. Letzterer fiel mit Dreizack und Netz ganz besonders unter den Gladiatorentypen auf. Nicht nur *murmillo* und *thraex*, auch die meisten anderen Gladiatorentypen wurden in den Duellen miteinander kombiniert – offenbar sah man es lieber, wenn sich zwei verschiedene Kämpfertypen duellierten als zwei gleich ausgerüstete Gladiatoren. Wichtig war vor allem, dass sie trotz unterschiedlicher Ausrüstung dieselben Chancen auf einen Sieg hatten, denn der Kampf um Ruhm setzte den Kampf gegen einen ebenbürtigen Gegner voraus.

Vor allem zu den übrigen Waffengattungen sind uns nur lückenhafte Informationen überliefert. Vieles bleibt bis heute ungeklärt, angefangen bei den ursprünglichen Namen der Gattungen bis hin zu den Bestandteilen der einzelnen *armaturae*. Das liegt auch an der Art des Bildmaterials: Verständlicherweise stellten die Künstler bevorzugt Szenen dar, die die wichtigste Phase eines Kampfes wiedergaben. Bei einem heutigen Boxkampf würden die anwesenden Fotografen ja ebenso versuchen, die Szene einzufangen, in welcher der Boxer seinem Gegner den alles entscheidenden Hieb versetzt. Je länger aber der Kampf bei den Gladiatoren voranschritt, desto weniger Waffen müssen sie gehabt haben; hatte das Gefecht den Höhepunkt erreicht, waren vermutlich schon die meisten Teile der Ausrüstung verloren: Die *equites* waren längst vom Pferd abgestiegen oder gefallen, der *retiarius* hatte sein Netz bereits ausgeworfen. Gerade wenn so charakteristische Bestandteile einer Ausrüstung auf Darstellungen fehlen, fällt es Archäologen schwer, die gezeigten Figuren mit Typen zu benennen.

Hector verharrt oft viele Sekunden lang hinter seinem großen gewölbten Schild, das ihn bei gebeugter Haltung frontal fast komplett verdeckt. Invictus hingegen bewegt sich viel dynamischer. Weil gepolsterte Hosen zusätzlich zu den Beinschienen seine Beine gut schützen, muss er nicht ständig auf deren Deckung achten. Nachdem beide eine ganze Weile lauern, prescht Invictus plötzlich nach vorne, holt weit aus und schlägt mit voller Wucht sein Schwert auf Hectors Schild. Der *thraex* versucht, das feindliche Schild herunterzureißen und gleichzeitig den dahinter versteckten, nackten Oberkörper seines Gegners zu treffen. Die Zuschauer springen auf und johlen, glauben für eine Sekunde zu wissen, wer siegen wird. Doch Hector reagiert sofort, stößt sein Schild nach oben mit einer solchen Kraft, dass Invictus' Arm samt Schwert nach hinten geschleudert wird. Der Angriff ist gescheitert, Invictus weicht in einen sicheren Abstand zurück. Hector belässt es nicht bei der Abwehr: Er verfolgt Invictus und rammt sein Schild gegen dessen Schild – es kracht und dröhnt, kleine Holzsplitter fliegen in alle Richtungen. Beide Gladiatoren stemmen sich mit vollem Körpereinsatz gegen ihre Schilde. Einen kurzen Moment scheint Invictus dem enormen Druck nicht mehr standhalten zu können. Mit letzter Kraft blockt er Hectors Stoß letztendlich doch noch ab.

Erst wenige Minuten dauert das Duell, doch für die beiden Gladiatoren gleicht das bereits einer Ewigkeit. Ihre Rüstung, vor allem die des *murmillo*, ist schwer, sehr schwer: Allein die Helme wiegen jeweils mehr als vier Kilogramm. Dazu noch die Schwerter, die Schilde, die Beinschienen: Da kann schon mal ein Gesamtgewicht von rund 20 Kilogramm zusammenkommen. Die Zuschauer können nur erahnen, wie kraftraubend jede noch so kleine Bewegung für die beiden sein muss. Dass Hector und Invictus schon viele Minuten durchgehalten haben, zeigt die enorme Kondition, die sie sich innerhalb vieler Jahre antrainiert haben müssen. Dem Publikum macht das Zuschauen sichtlich Spaß; nach jedem vergeblichen Angriff feuern sie die beiden aufs Neue an. Tausende Stimmen vereinen sich zu einem einzigen dröhnenden Summen – als würde ein riesiger Bienenschwarm um die Gladiatoren schwirren. Doch es ist noch etwas anderes zu hören: melodische Klänge schallen durch das Amphitheater. Mal sind sie laut und deutlich, mal leise und kaum wahrnehmbar. Mal klingen die Akkorde angenehm harmonisch, dann wieder schrill und dissonant. Passend zur Stimmung und zur aktuellen Kampfsituation spielen am Rand der Arena Musikanten auf ihren Instrumenten und sorgen so – ganz wie es einst bei den Stummfilmen die Aufgabe des Klavierspielers im Kinosaal war – für die akustische Untermalung der Veranstaltung.

Ob Angst, Mut, Aggression oder vielleicht sogar Abgestumpftheit – niemand kann sehen, was Hector und Invictus empfinden. Das liegt einerseits an der Entfernung, die zwischen den Gladiatoren und dem Publikum liegt – gerade die Zuschauer in den obersten Reihen müssen die beiden Gladiatoren im Zentrum der riesigen Arena nur noch ameisengroß gesehen haben. Andererseits sind die Gesichter von Hector und Invictus ohnehin komplett von ihren Visierhelmen verdeckt, so dass die Mimik und die Emotionen der Gladiatoren sogar für die Zuschauer in den vordersten Reihen unsichtbar bleiben. Selbst Hector und Invictus können den Gesichtsausdruck ihres Gegenübers nicht erkennen. Möglicherweise

Die Gladiatorentypen

Murmillo	Thraex	Retiarius

• Schwerbewaffneter	• Leichtbewaffneter	• Leichtbewaffneter
• großer Krempenhelm	• großer Krempenhelm	• geradklingiges Schwert
• geradklingiges Schwert	• gekrümmtes Schwert	• Armschutz
• Armschutz	• Armschutz	• Metallschirm
• großer Legionärsschild	• kleiner Schild	• Netz
• Bandage und kurze	• Bandagen und hohe	• Dreizack
• Beinschiene	• Beinschienen	

Bewaffnung		
⚔ ⚔ ⚔	⚔ ⚒ ⚔	⚔ ⚒ ⚔

Bewegungsfreiheit		
👢 👢 👢	👢 👢 👢	👢 👢 👢

Schutz im Nahkampf		
▮ ▮ ▮	▮ ▮ ▯	▮ ▯ ▯

war ihnen das ganz recht so. Schließlich kam es häufig genug vor, dass man als Gladiator gegen jemanden kämpfen musste, den man bereits aus der Gladiatorenschule gut kannte – der einem vielleicht sogar ein guter Freund war. Es war ein typisches Merkmal eines Gladiators, dass er eine gewisse Anonymität behielt. Nur der *retiarius* trug – als einziger unter allen Gladiatorentypen – keinen Helm.

Das Duell zieht sich bereits eine ganze Weile hin; Hector und Invictus sind in ihrer Leistung weiterhin einander ebenbürtig. Trotzdem zeigen beide Kämpfer die ersten Anzeichen von Müdigkeit. Hectors Schritte wirken immer schwerfälliger. Ob die Erschöpfung ihn übermannen wird? Aber nein! Plötzlich und völlig unerwartet prescht er nach vorne, holt mit seinem Schild weit aus. Invictus zuckt kurz zusammen, weicht dann zurück. Die Schrecksekunde, die ihn verzögert reagieren ließ, rächt sich sogleich: Hectors Schild trifft ihn seitlich an der Schulter. Invictus schwankt, bringt sich in sichere Entfernung. Er schwankt immer noch. Den Zuschauern stockt der Atem. Dann fängt er sich, steht wieder mit beiden Füßen fest auf dem Boden – gerade nochmal gut gegangen. Und weiter geht der Kampf. Immer noch zeichnet sich nicht ab, wer siegen wird. Die Emotionen der Zuschauer kochen hoch. Wie manisch feuern sie ihre Favoriten an, brüllen »Töte!«, kreischen »Schlag zu!«. Passend zur aufgeheizten Stimmung geben die Musikanten jetzt alles: Die Bläser schmettern triumphale Töne auf ihren Trompeten und Hörnern, der Wasserorgelspieler begleitet sie mit dramatischen Klängen.

Immer wieder versucht Invictus, Hectors Mauer zu durchbrechen. Frontal ist das nahezu unmöglich, denn der *murmillo* kann seine verwundbaren Stellen bei etwas gebeugter Haltung fast komplett hinter dem Schild verstecken. Nur ein Angriff von oben oder von der Seite könnte Invictus zum Sieg verhelfen. Doch jede neue Attacke, die Hector erfolgreich abgewehrt hat, raubt Invictus kostbare Kraft. Seine Bewegungen werden hastiger, der *thraex* scheint zunehmend verzweifelt – allmählich wird es brenzlig für ihn. Er muss dem Kampf ein rasches Ende setzen, wenn er nicht zuvor wegen völliger Erschöpfung zusammenbrechen will. Hector dagegen erspart sich anstrengende Attacken, lauert zumeist hinter seinem Schild. Und dann ist der Moment gekommen: Nach einem weiteren gescheiterten Angriffsversuch des *thraex* rammt Hector seinen Schild plötzlich und extrem heftig gegen Invictus, trifft ihn am linken Arm und am Kopf. Laut scheppert sein Helm, bevor er mit voller Wucht hinfällt. Beim Aufprall fliegt sein Schwert im hohen Bogen weg, landet mehrere Meter entfernt von ihm. Noch bevor der aufgewirbelte Staub auf den Boden trifft, signalisiert der *thraex* seine Aufgabe. Es ist vorbei – Hector hat gesiegt.

> »... Die Gladiatoren, heruntergekommene Menschen und Barbaren, welche Schläge ertragen sie! ... Welcher auch nur mittelmäßige Gladiator hat je gestöhnt, welcher jemals eine Miene verzogen? ... Wer hat, wenn er sich niedergeworfen hatte, auf den Befehl hin, den Todesstoß hinzunehmen, mit dem Hals gezuckt?«
> Cicero (römischer Politiker und Philosoph, 106–43 v. Chr.)

Die Zuschauer springen von ihren Sitzen auf, johlen und schreien, jubeln dem Sieger zu. Auch wenn die Fans von Invictus enttäuscht sind – vor allem diejenigen, die Wetten zugunsten des Besiegten abgeschlossen haben –, kann niemand leugnen, dass das Duell sehr unterhaltsam war. Hector und Invictus haben Tapferkeit und Ausdauer bewiesen, weder Angst noch Feigheit gezeigt, gleichermaßen gekonnt und geschickt gekämpft. Erst ganz zum Schluss offenbarte sich, wer von beiden letztendlich siegen würde. Das Duell hätte kaum spannender verlaufen können. Die Zuschauer werden sich noch lange daran erinnern, der eine oder andere wird kurz nach dem Besuch des *munus* Szenen aus dem Kampf zwischen Hector und Invictus in die Hauswände Pompejis ritzen und auf diese Weise seine Helden verewigen.

Viele solcher Graffiti von Gladiatoren haben jedenfalls bis heute an den Fassaden antiker öffentlicher Gebäude, Läden, Stadttore oder auch Wohnhäuser überdauert. Die Fans nahmen ihre Lieblinge in Form von Souveniergegenständen mit nach Hause, die man in Andenkenläden kaufen konnte: Gladiatoren auf Messergriffen und Taschenspiegeln, Tonlampen und Parfümbehältern, Bechern und Schüsseln – oder gänzlich unnütze Staubfänger, wie Gladiatoren-Tonfiguren. So musste man auch im Alltag nicht auf »seinen« Gladiator verzichten. Manche Römer ließen sogar Fußbodenmosaike in ihren Häusern einfügen, auf denen Kampfszenen aus der Arena abgebildet waren.

Der Kampf zwischen Hector und Invictus ist beendet –

Zwei in einem Graffito in Pompeji verewigte Gladiatoren.

Allerhand Fanartikel wurden zu den Gladiatoren angeboten – darunter auch dieser Gladiator-Trinkbecher aus Köln, 3. Jahrhundert n. Chr.

trotzdem verlassen die beiden Antagonisten nicht die Arena, sondern verharren in ihren Positionen. Jetzt folgt ein Szenario, das das Wesen der Gladiatur ganz maßgeblich bestimmt. Jeder Versuch, irgendwo auf der Welt ein zu den Gladiatorenkämpfen vergleichbares Phänomen zu finden, scheitert letztendlich daran, dass ein den nun folgenden Augenblicken vergleichbares Phänomen fehlt.

Hector lässt seinen Blick langsam über die Tribünen gleiten, sieht zuletzt erwartungsvoll den Schiedsrichter an. Auch Invictus schaut sich um, immer noch schwer atmend vom Kampf. In wenigen Momenten wird sein Schicksal bestimmt sein: Entweder wird er mit dem Leben davonkommen, oder Hector wird ihm an Ort und Stelle mit seinem Schwert den Todesstoß

versetzen. Aber darüber entscheidet nicht Hector. Invictus'
Leben hängt der Form nach vom Willen des Veranstalters ab –
in Wahrheit liegt es aber in den Händen des Publikums.

Es hätte auch anders für Invictus kommen können: Entweder wäre einer der beiden Gladiatoren bereits während des
Kampfes tödlich verwundet worden. Oder Hector und Invictus hätten so lange gegeneinander standgehalten, dass das
Duell irgendwann abgebrochen und für unentschieden erklärt
worden wäre. Diese beiden Optionen haben sich mit Invictus'
Aufgabe erübrigt, nun gibt es nur noch zwei Möglichkeiten:
Entweder will das Publikum ihn mehrheitlich lebend sehen –
oder tot.

Kann man die Gladiatorenkämpfe
als Sport bezeichnen?

Wer Sportlern beim Wettbewerb zusieht, will dem Ernst des
Lebens entfliehen. Bei den *munera* ging es um Leben und Tod,
und viele der Gladiatoren nahmen nicht freiwillig an den
Kämpfen teil. Sport hingegen beruht auf Freiwilligkeit, und in
keiner Disziplin ist der mögliche Tod eines Teilnehmers vorge-
sehen, wenn man vom spanischen Stierkampf absieht (der
aber eher mit den Tierhetzen als mit den Gladiatorenkämpfen
vergleichbar ist). Wenn ein Boxer, ein Rennfahrer oder ein
Fußballer schwer verletzt oder sogar getötet wird, handelt es
sich um einen Unfall, der in der Regel für Bestürzung sorgt.

Man versuche nur einen kurzen Augenblick, sich in einen
der Zuschauer hineinzuversetzen, die in diesem Moment auf
den Tribünen des Amphitheaters stehen; beispielsweise in
einen einfachen Handwerker, der an jedem anderen Tag viele

Stunden hart arbeiten muss, um seine Familie zu ernähren. Oder in einen Bäcker, der den größten Teil seines bisherigen Lebens in Pompeji verbracht hat, der noch nicht einmal das prächtige Rom besuchen konnte. Oder in einen Tagelöhner, der zu den Ärmsten der Bewohner Pompejis gehört und sein Dasein unter den abschätzigen Blicken seines Umfelds fristen muss. Oder in irgendeine römische Frau – die keine über die eigene Person hinausgehenden Rechte besitzt, die weder Vormund sein darf noch irgendwelche politischen oder öffentlichen Ämter bekleiden darf; die in der Hauptsache für den Nachwuchs sorgen soll. Nun steht man also da, fernab vom Alltag, inmitten Tausender – und plötzlich ist man wichtig. Jeder einzelne Zuschauer, egal mit welchem Hintergrund, hat jetzt Verantwortung. Es wird von ihm erwartet, eine Entscheidung zu fällen – über nichts Geringeres als über das Leben eines Menschen. Man kann höchstens erahnen, welches Gefühl im Publikum aufsteigen musste. Gerade die Ärmsten unter ihnen können sich endlich einmal überlegen fühlen, zumindest über diejenigen, die in der Arena stehen. Im Amphitheater besitzen die Zuschauer eine unermesslich große Bedeutung. Auf den Tribünen des Amphitheaters sind alle gleich in ihrer Macht, alle sind in erster Linie einfach nur Römer. Obwohl die Hierarchie der Gesellschaft in der Sitzordnung streng gewahrt bleibt, verlieren soziale Unterschiede für wenige Augenblicke an Bedeutung.

Und so liegt es nun an jedem Einzelnen, die entscheidende Geste zu machen: Daumen hoch, also leben? Daumen runter, also töten? Oder umgekehrt? Oder ganz anders? Die meisten Wissenschaftler glauben, die Geste mit dem Daumen hat es so nie gegeben. Ihre Bedenken scheinen berechtigt: Wie hätte der Veranstalter innerhalb einer kurzen Zeitspanne die Position Zehntausender Daumen ablesen sollen? Eine größere Bewegung, beispielsweise mit dem ganzen Arm, oder auch ein akustisches Signal wäre mit Sicherheit besser erkennbar gewesen. Aber egal, wie die Bewegung nun tatsächlich ausgesehen hat, das Volk tat seine Meinung kund. Die Quellen belegen, dass die Entscheidung gewöhnlich weder in reiner Willkür noch mit dem Ziel gefällt wurde, möglichst viel Blut zu sehen. Hatte der Verlierer mutig und geschickt gekämpft, so konnte er für gewöhnlich mit einer Begnadigung rechnen. Hatte sich das Publikum allerdings mehrheitlich dazu entschieden, ihn lieber tot zu sehen, so musste der Sieger vor allen Augen das Urteil vollstrecken. Selbst jetzt, ganz am Ende seines Lebens, wurde jede Regung des Besiegten genauestens verfolgt: Nur diejenigen, die tapfer gekämpft und daraufhin ohne Feigheit den Todesstoß hingenommen hatten, wurden auch als Tote respektvoll behandelt, auf einer Bahre vom Kampffeld getragen und auf einem Friedhof bestattet. Die Übrigen wurden wahrscheinlich wie die Hingerichteten an Haken von der Arena weggeschleift und in Massengräber geworfen.

Der garantierte Tod?

Bei manchen *munera* kämpften die Gladiatoren *sine missione*. Die Chance des Gladiators, begnadigt zu werden, blieb in diesem Fall von vornherein ausgeschlossen – wenn er nicht siegte, musste er sterben. Entschied sich der *munerarius* für diese Regel, trieb das die Kosten für ihn in die Höhe, weil er entweder selbst viel Geld in die Ausbildung und Versorgung des Gladiatoren gesteckt oder einen Mietpreis mit einem *lanista* ausgehandelt hatte, der sich beim Tod des Gladiatoren automatisch zu einem viel höheren Kaufpreis umwandelte. Daraus ergab sich für ihn eine relativ einfache Rechnung: Ein lebender Gladiator war billiger als ein toter. Auch das Volk war möglicherweise nicht immer angetan, wenn ihm die Entscheidung über Leben und Tod genommen wurde. Andererseits konnten die Veranstalter mit dieser Sonderregel ihre grenzenlose Großzügigkeit beweisen: Schließlich war ihnen kein Sesterz zu viel, um das Volk zu unterhalten.

Wahrscheinlich musste ein Gladiator mindestens zwei Kämpfe im Jahr vor der Öffentlichkeit bestreiten, aber nach oben hin schienen keine Grenzen gesetzt zu sein. Manch einer soll 50 bis 60 Mal in der Arena gekämpft haben. Versuche, die durchschnittliche Lebenserwartung eines Gladiators zu errechnen, haben keine eindeutigen Ergebnisse erbracht. So wissen wir beispielsweise nicht, wie viele Gladiatoren schon bei einem ihrer ersten Kämpfe gefallen sind – denn nur den besonders erfolgreichen Gladiatoren, die viele Kämpfe siegreich gefochten hatten, wurde nach ihrem Tod ein Grabstein gesetzt. Unklar bleibt auch die Anzahl der Kämpfer, die nicht auf der Arena starben, jedoch ihren Verletzungen zu einem späteren Zeitpunkt erlagen. Unbestritten bleibt aber, dass die Gladiatoren einen überaus riskanten »Beruf« ausübten.

Was Invictus' Schicksal betrifft, sind sich die Zuschauer einig: Er hat Mut bewiesen und ehrenhaft gekämpft. Er erhält die *missio* und darf weiterleben – zumindest bis zu seinem nächsten Duell. Hector wird bejubelt, erhält vom Veranstalter einen Palmzweig und einen Geldpreis. Beide Gladiatoren verlassen die Arena, während die Zuschauer voller Vorfreude schon auf den nächsten bevorstehenden Kampf warten.

Randalierer unerwünscht

Bei allem Machtrausch musste das Publikum gewisse Verhaltensregeln befolgen. Denn Gefahren wie Gedränge, Gewalt, und Panikausbrüche, wie man sie von heutigen Großveranstaltungen kennt, gab es auch damals schon. Damit es nicht zu derartigen Eskalationen kommen konnte, lag es in der Verantwortung der Stadtpräfekten, während den Veranstaltungen für Ordnung und Disziplin zu sorgen. Das klappte nicht immer, wie ein besonders schlimmes Ereignis in Pompeji zeigt: So kam es im Jahr 59. v. Chr. bei Gladiatorenspielen zu einer Massenschlägerei zwischen den Stadtbewohnern und angereisten Zuschauern aus der Nachbarstadt Nuceria. Erst beschimpften sie sich gegenseitig, dann bewarfen sie sich mit Steinen, zuletzt griffen sie zu ihren Waffen. Viele Menschen starben oder wurden schwer verletzt. Die Vorfälle in Pompeji blieben nicht ungeahndet: Auf Anordnung Kaiser Neros durfte die Stadt zehn Jahre lang keine Gladiatorenspiele mehr veranstalten. Die Bewohner Pompejis werden die unterhaltsamen *munera* bitterlich vermisst haben.

Leben im *ludus*

Wenn wir nur wüssten, welche Überreste die Archäologen eines Tages von uns entdecken werden. Und wie schön es doch erst wäre, wenn wir Einfluss darauf hätten! »Versuche«, auf diese Zukunft einzuwirken, gibt es bereits: Wir füllen Behälter mit persönlichen Briefen, Video- und Audiobotschaften, Zeitungen und Geld, lassen diese etwa bei Grundsteinlegungen einmauern oder in Kirchtürmen verstecken. In elektronischen Zeitkapseln kann jeder seine Gedanken digital festhalten. Wir wollen der Nachwelt Momentaufnahmen schenken, mit Inhalten, die unserer Meinung nach wertvoll genug sind, um sie aufzubewahren. Ob solche Behälter eines Tages den Wissensstand der Menschen tatsächlich bereichern werden, bleibt offen. Jedenfalls zeigt ein Blick in die Vergangenheit, dass sich kaum kontrollieren lässt, welche Relikte lange Zeitphasen überdauern und welche nicht. Wer hätte damals schon ahnen können, dass die winzige Gewandspange aus einem ostgermanischen Frauengrab erhalten bleibt, eine meterhohe Zeus-Statue hingegen für immer verloren ist und nur noch anhand antiker Beschreibungen rekonstruiert werden kann?

Im Jahr 2011 machten Archäologen eine einzigartige Entdeckung: Sie fanden die Überreste einer Gladiatorenschule, eines *ludus*, in Niederösterreich, einer ehemals römischen Provinz am Rande des riesigen Imperiums. Dass ausgerechnet dieser *ludus* von allen Gladiatorenschulen des Reiches in so guter Form erhalten geblieben ist, war nicht vorhersehbar. Denn nur aus reinem Zufall liegt die römische Stadt, zu der die Schule gehörte, nicht unter modernen Bauten begraben. Carnuntum, rund 40 Kilometer von Vindobona (heute Wien), war im ausgehenden 2. Jahrhundert n. Chr. eine große Metropole. Reich und bedeutend war die Stadt geworden, weil sie einen wichtigen Militärstützpunkt am mittleren Donaulimes bildete und weil sie an der Bernsteinstraße lag, einer wichtigen Verkehrs- und Handelsroute zwischen der Nord- und Ostsee und dem Mittelmeerraum. Carnuntum besaß Stadtmauern, gepflasterte Straßen, ein Forum, Tempel und Badethermen. Ein Amphitheater, das rund 13 000 Zuschauer fassen konnte, lag unweit der Stadtgrenzen. Bisweilen hielt sich gerne die Prominenz in Carnuntum auf: Die Kaiser Domitian und Hadrian sollen hier zu Besuch gewesen sein. Kaiser Marc Aurel verbrachte sogar gleich drei Jahre in der Stadt an der Donau, schrieb hier einen Teil seines Werkes *Selbstbetrachtungen*. Sein Sohn und Nachfolger Commodus lernte Carnuntum bereits als Elfjähriger kennen – wer weiß, ob er bereits hier im Amphitheater seine Leidenschaft für die Gladiatorenkämpfe entdeckte, für die er eines Tages berühmt und berüchtigt werden sollte (zu Commodus siehe Seite 86).

Viele römische Städte wurden mit der Zeit komplett zerstört oder neu überbaut. Carnuntum teilte dieses Schicksal nicht. Nach dem Niedergang des Römischen Reiches wurde die Stadt als Steinbruch genutzt, ihre Bauten nach und nach abgetragen, die alten Steine als Baumaterial für neue Häuser und Gebäude in der Region verwendet. Heute ist von Carnuntum selbst so gut wie nichts mehr geblieben – zumindest nicht sichtbar an der Oberfläche. Unter der Erde dagegen liegen noch viele Spuren der Stadt verborgen. Weil das Gelände nicht mehr überbaut wurde, standen die Archäologen ab Mitte des 19. Jahrhunderts vor der eher seltenen Situation, ihrer Arbeit ungehindert nachgehen zu können. Obwohl Carnuntum seit rund 150 Jahren erforscht wird, ist gerade einmal ein Bruchteil des Geländes archäologisch erfasst. Carnuntum – für die Wissenschaftler ein Eldorado – zählt heute zu den bedeutendsten Ausgrabungsstätten nördlich der Alpen.

Vor wenigen Jahren also haben Archäologen hier einen weltweit einzigartigen Fund entdeckt. Unsichtbar für das bloße Auge liegt er zwischen Feldern und Pappeln. Die Vorgeschichte zu dieser Entdeckung begann bereits in den 1980er Jahren: Damals bemerkten Forscher auf Luftbildaufnahmen mitten auf einer Wiese nahe den Überresten des Amphitheaters einen verdächtigen Fleck: Der Boden war hier anders beschaffen als in der unmittelbaren Umgebung und auch die Vegetation hob sich deutlich von ihrem Umfeld ab. Manchmal ist die Ursache dafür geologisch, manchmal aber auch archäologisch bedingt, denn Abweichungen können auch dann entstehen, wenn unter der Erde Baufundamente liegen, die Wurzeln der Pflanzen also nicht so tief ins Erdreich vordringen können und somit nicht so hoch wachsen und leichter austrocknen. Viel ließ sich aus dem Fleck zum damaligen Zeitpunkt noch nicht interpretieren, aber es gab bereits eine Vermutung, um was es sich dabei handeln könnte. Erst Jahrzehnte später machten die Archäologen dank leistungsfähigeren Kameras bessere und detaillierte Aufnahmen des Geländes. Außerdem führten sie geophysikalische Messungen durch, sendeten Radarstrahlen in den Untergrund. Aus dem Zusammenspiel aller Messdaten ergab sich ein klares Bild – unter der Erde verbargen sich die Strukturen eines großen Gebäudes aus der römischen Zeit. Je genauer die Archäologen die Details des Grundrisses studierten, desto mehr erhärtete sich ihr Verdacht: Sie waren auf die Überreste einer Gladiatorenschule gestoßen. Für diese Erkenntnis hatten die Forscher kein einziges Mal einen Spaten in die Erde stechen müssen – so vermieden sie es, bestimmte Funde und deren Zusammenhänge sofort und unwiederbringlich zu vernichten. So wenig wie möglich einzudringen, ist ganz im Sinne der modernen Archäologie, denn jede Ausgrabung gleicht einer dokumentierten Zerstörung – die Idee der Nachhaltigkeit ist auch in der Wissenschaft angekommen.

Die Entdeckung ist nach wie vor eine Sensation: Den Forschern liegt erstmals der vollständige Grundriss einer römischen Gladiatorenschule außerhalb Roms vor. Fast noch bemerkenswerter ist, dass nicht einmal der Ludus Magnus in Rom derart viele Details offenbart wie der von Carnuntum. Die Wissenschaftler versprechen sich viele neue Erkenntnisse, vor allem über den Alltag der Kämpfer. Ihre Messbilder zu dem Areal und den einzelnen Räumen des Gebäudekomplexes in Carnuntum sind so hervorragend, dass sie genügend Informationen ableiten konnten, um ein digitales Modell der Schule zu erstellen. Mit diesem virtuellen Rundgang plus ein wenig eigener Vorstellungskraft lässt sich nachvollziehen, wie ein Gladiator in Carnuntum lebte.

Das Erste, was jeder zu sehen bekam, der die Schule betrat, war das repräsentative große Eingangstor. Es war von hohen Mauern flankiert und gut zu kontrollieren – und es bildete den einzigen Zugang zum *ludus*. Dem Tor direkt gegenüber lag das Amphitheater. Schon wegen der geringen Distanz schlossen die Archäologen auf einen Zusammenhang der beiden Bauten.

Hinter dem Tor führte ein überdachter Weg vorbei an einem Garten direkt in den Innenhof – ins Zentrum des 2800 m² großen Gebäudekomplexes. An den Innenhof grenzten alle übrigen Bereiche des *ludus*: Verwaltungs- und Versammlungsräume und ein Lagerhaus, der Wohnbereich des *lanista* und schließlich die Schlafräume der Gladiatoren – nur wenige Quadratmeter groß, erinnern sie an enge Gefängniszellen. Bis zu 60 Gladiatoren konnte der *ludus* in Carnuntum aufnehmen, so schätzt man. Doch woher kamen die Bewohner der Schule, und auf welchen Wegen waren sie an diesem Ort gelandet? Sicher ist nur, dass niemand als Gladiator geboren wurde.

Wie wurde man Gladiator?

In den Hollywoodfilmen sehen wir vor allem Gladiatoren, deren Schicksal es nicht gut mit ihnen gemeint hatte. Diese Vorstellung entspricht voll und ganz der Realität in den Anfängen der *munera*: Die Kämpfer, die auf dem ersten *munus* im Jahr 264 v. Chr. gegeneinander antraten, waren allesamt Kriegsgefangene. Sie wurden gezwungen, als Gladiatoren zu kämpfen. Auf dem Weg zur Weltherrschaft kamen den Römern ständig Völker in die Quere, die sich ihnen nicht freiwillig unterwerfen wollten. Für ein solches Verhalten, das die römische Rechtsordnung grundsätzlich infrage stellte, hatten die Römer nur wenig Verständnis. Entweder wurden die Aufständischen umgebracht oder versklavt oder in die Gladiatorenschule geschickt. Für einen »Nachschub« an Kriegsgefangenen war also stets gesorgt.

Im Laufe der Jahrhunderte kamen weitere Gründe hinzu, die einen Menschen in den *ludus* führen konnten; so etwa

Virtuelle Rekonstruktion des ludus von Carnuntum.

Straftaten wie Tempelraub, Brandstiftung und Mord. Wenn jemand, der wegen eines dieser Vergehen vor Gericht stand, mit dem Urteil *damnatio in ludum* bestraft wurde, musste er in die Gladiatorenschule. Milde war diese Strafe sicherlich nicht, dennoch hätte es für den Verurteilten schlimmer kommen können: So wurde etwa bei der Strafe *damnatio ad gladium* der Betroffene innerhalb eines Jahres komplett wehrlos durch das Schwert des Gegners getötet. Diejenigen, die in die Gladiatorenschule geschickt wurden, konnten sich immerhin mit intensivem Training auf das Duell vorbereiten und standen ihrem Gegner im Kampf chancengleich gegenüber. So hatte der Verurteilte sein Schicksal zumindest teilweise selbst in der Hand – denn ob er die Arena lebendig verlassen würde, hing zunächst von seinem eigenen Können und Einsatz ab.

In den engen Kammern des *ludus* schliefen aber auch Menschen, die weder in Kriegsgefangenschaft geraten waren, noch irgendein Verbrechen begangen hatten: Sie waren einfache Sklaven – entweder von Geburt an oder sie hatten im Laufe ihres Lebens ihre Freiheit eingebüßt, ob nun durch Verarmung, Verschuldung oder Entführung. Kriegsgefangene und Verbrecher spürten vielleicht noch einen Anflug der Erleichterung, wenn sie erfuhren, dass sie um ihr Leben kämpfen durften, anstatt direkt hingerichtet zu werden; Sklaven hingegen, die zum Gladiatorendienst gezwungen wurden, waren vom Schicksal vergleichsweise hart getroffen worden. Auch Kaiser Vitellius soll seinen Lieblingssklaven an eine Gladiatorenschule verkauft haben, weil dieser angeblich kleinere Diebstähle begangen hatte. Wahrscheinlicher als diese offizielle Erklärung ist aber, so die Forschung, dass der Sklave so hart bestraft wurde, weil er gewissen sexuellen Wünschen des Kaisers nicht nachkommen wollte. Vor allem während der Kaiserzeit, als der »Verschleiß« von Menschenleben in den Arenen drastisch zunahm, verkauften immer mehr Herren ihre Sklaven in die Gladiatorenschulen. Erst unter Kaiser Hadrian wurde ein Gesetz verabschiedet, wonach ein Sklave nur noch an einen *lanista* verkauft werden durfte, wenn er eines Verbrechens tatsächlich für schuldig befunden wurde. Das lässt erahnen, mit welch einer Willkür die Sklavenherren allein in dieser Hinsicht über ihre Untergebenen gewaltet hatten.

Im ehemaligen Schlafbereich der Gladiatoren entdeckten die Archäologen einige Räume, die vermutlich mit Kacheln ausgelegt waren. Vielleicht waren diese Zellen insgesamt wohnlicher ausgestattet als die übrigen Schlafkammern. Sie werden für die Gladiatoren bestimmt gewesen sein, die sich in irgendeiner Weise von ihren Kollegen hervorhoben. Vielleicht schliefen hier Angehörige der Gruppe, die neben Kriegsgefangenen, Schwerverbrechern und Sklaven im *ludus* lebte: Die

Gruppe der Freiwilligen. Kaum zu glauben, aber es gab tatsächlich Menschen, die Gladiatoren sein *wollten*. Sie schlossen mit dem *lanista* einen Vertrag ab und verpflichteten sich darin unter Eid, gegen eine Geldsumme an einer bestimmten Anzahl von Kämpfen innerhalb eines festgelegten Zeitraumes teilzunehmen. Wegen dieses Vertrags (lat. *auctoramentum*) nannte man sie die *auctorati*. Wer einmal eine solche Entscheidung getroffen hatte, konnte sich von seinem bisherigen Leben verabschieden. Mit der Vertragsunterzeichnung trat er automatisch an den Rand der Gesellschaft und wurde zum Außenseiter. Der Gladiator tauschte seinen Status als freier Mann mitsamt allen Privilegien gegen ein sklavenähnliches Dasein ein. Weil er ab sofort der sogenannten *infamia* unterlag, hatte er nur eingeschränkte bürgerliche Rechte und galt als ehrlos. In der Wissenschaft herrschen unterschiedliche Meinungen dazu, wie viele *auctorati* es unter den Gladiatoren gab; offenbar waren sie aber alles andere als eine seltene Erscheinung, und ihre Anzahl nahm während der Kaiserzeit sogar zu. Vielleicht hatte sich manch einer aus Armut für diesen folgenschweren Weg entschieden: In der Gladiatorenschule musste er zwar seine Freiheit einbüßen, bekam aber dafür warme Mahlzeiten, hatte einen Schlafplatz und verdiente mit seinen Kämpfen Geld (Details sind hierzu nicht überliefert, aber sicherlich handelte der *auctoratus* seine Bezahlung mit dem *lanista* selbst aus und erhielt grundsätzlich höhere Gagen für siegreiche Kämpfe als die unfreien Gladiatoren). Vielleicht wünschte er sich auch einfach ein wenig Ruhm. Letztendlich bleibt es bei Vermutungen über die wahren Gründe, da die Quellen hauptsächlich von besonders skandalösen Fällen berichten, etwa von den reichen Senatoren- und Rittersöhnen, die sich zu Gladiatoren ausbilden ließen. Ein Mann, der seine würdevolle Toga gegen einen Lendenschurz austauschte, halb-nackt vor der Öffentlichkeit kämpfte und sich zu allem Überfluss von einem *lanista* herumkommandieren ließ, passte kaum in die sozial streng hierarchisierte Gesellschaft der Römer. Im Prinzip ließ er eine andere Person gegen Lohn über seinen Körper walten – immer wieder werden Gladiatoren in den Quellen mit Prostituierten verglichen. Die Frage ist also begründet: Warum all diese Entwürdigungen auf sich neh-men, um womöglich dafür auch noch mit dem Tod zu bezah-len? Vielleicht hatten diese jungen Männer Freude am Kampf und an den Waffen, vielleicht gierten sie nach dem Jubel des Publikums und den bewundernden Blicken der Frauen, wenn sie ihren Mut und ihre Fähigkeit zu kämpfen in der Arena er-folgreich beweisen konnten. Oder sie sehnten sich nach ein wenig Rebellion und wollten mit ihrem Verhalten der herr-schenden Ordnung trotzen. Dass sich die römischen Autoren gerne über solche Geschichten aufregten, heißt nicht, dass sich diese Fälle besonders häufig ereigneten. Wie immer, sind es vor allem die Skandalgeschichten, mit denen sich die Leser un-terhalten lassen.

Mit hartem Training die Karriereleiter hoch

Der Alltag im *ludus* fokussierte auf die Ausbildung der Gla-diatoren zu geschickten und aggressiven Kämpfern. Da sich im Leben des Gladiators alles um den nächsten Kampf drehte, verbrachte er den größten Teil des Tages mit intensivem Trai-ning. Im großen Innenhof der Schule Carnuntums entdeckten die Archäologen die Überreste eines Amphitheaters in Minia-turformat, in dem die Kampfübungen stattfanden. Nur ausgewählte Besucher, wie etwa der Veranstalter eines *munus*, konnte hier die Gladiatoren von den Holztribünen aus beobachten und ganz in Ruhe die Auswahl für seine Spiele treffen. Vor allem diese Trainingsarena ermöglichte die eindeutige Identifizierung dieses Gebäudekomplexes mit einem *ludus*. Selbst das Pfostenloch, in dem der zentrale Übungspfahl einst steckte, konnten die Forscher nachweisen. An dem *palus* trainierten die Gladiatoren täglich, schlugen immer wieder mit ihren Waffen auf ihn ein, um ihre Kampftechnik zu verbessern.

Der *ludus* war ein Ort, an dem Außenseiter der Gesellschaft (ob nun unfreiwillig oder selbstbestimmt), auf engstem Raum zusammenlebten. Diejenigen, die gegen ihren Willen hier gelandet waren, mussten streng bewacht werden. Spätestens seit dem Spartacus-Aufstand (73 v. Chr.) waren sich die Römer der Gefahr äußerst bewusst, die von den Gladiatorenschulen ausgehen konnte. Zu den Sicherheitsvorkehrungen gehörte es, die Gladiatoren nachts in Ketten zu legen.

Die Gladiatoren einer Schule stammten zumeist aus unterschiedlichsten Regionen des Römischen Reiches. Der Kämpfer aus Äthiopien hätte kaum Gemeinsamkeiten zwischen sich und einem Kämpfer aus Gallien erkannt; das Gefühl einer sozialen Verbundenheit sollte zwischen ihnen gar nicht erst entstehen. Auf anderer Ebene wurde dagegen durchaus ein gewisses Gemeinschaftsgefühl unter den Gladiatoren gefördert. Wenn ein Neuling in die Schule kam, wurde er zunächst auf seine Stärken und Schwächen geprüft. Der eine bevorzugte vielleicht den direkten Angriff, während der andere lieber taktierte, bevor er auf seinen Gegner losging. Sobald sich abzeichnete, welche Waffengattung zu dem Neuling und seinen Fähigkeiten am besten passte, wurde er fortan in dieser *arma-*

tura ausgebildet, zum Beispiel als *murmillo* (die besonders begabten Kämpfer, die in zwei oder gar mehreren Waffengattungen spezialisiert waren, gehörten mit Sicherheit zu den Sonderfällen). Je besser und geschickter dieser *murmillo* kämpfte, je mehr Siege er errang, je beliebter er war, desto höher stieg er innerhalb der vorherrschenden Rangordnung, die nach dem Übungspfahl, dem *palus*, benannt war. Irgendwann, wenn er es ganz nach oben geschafft hatte, konnte er mit Stolz den Titel *primus palus* tragen. Von nun an gehörte er zu den ranghöchsten Gladiatoren der Schule. Vielleicht definierte er sich spätestens jetzt nicht mehr anhand seiner Herkunft, sondern begriff sich in erster Linie als Gladiator. Innerhalb der *gladiatoria familia* wird er auf diesen Karrieresprung hin gewisse Privilegien genossen haben, beispielsweise in einer der wohnlicheren Zellen geschlafen haben. Vorstellbar ist auch, dass ihm besondere Aufgaben übertragen wurden. Er könnte die Rolle des Mentors übernommen haben für die unerfahreneren *murmillones* der Schule; vielleicht wurde er sogar zu ihrem Lehrer und Ausbilder. Jedenfalls besaß er genügend Kampferfahrung, um seine Schüler einzuschüchtern und unter Kontrolle zu halten. Nicht von ungefähr erinnert dieses System der Rangordnung an das Militär: Hierarchie innerhalb der Gruppe sorgte auf effiziente Weise für Ordnung und Disziplin hinter den Mauern des *ludus*.

Die Schüler nahmen sich den ranghöheren Gladiator zum Vorbild und wollten möglichst viel von seinem Können erlernen, um eines Tages selbst zu den besten Gladiatoren der Schule zu gehören. Denn ein höherer Rang führte zu mehr Ansehen und Privilegien. Aber nicht nur der Einzelne hatte Vorteile von seiner Leistung, denn je besser der Gladiator kämpfte, desto mehr Popularität und finanziellen Erfolg bescherte er seiner Gladiatorenfamilie. So entstand unter den Gladiatoren ein neues Gefühl der Zusammengehörigkeit. Vor allem unter den Kämpfern der einzelnen Gattungen, die täglich gemeinsam trainierten, werden Freundschaften entstanden sein. Das scheint uns merkwürdig widersinnig: Innerhalb der Schule fühlten sich die Gladiatoren, wenn auch nicht in sozialer Hinsicht, so doch als Gladiatoren zusammengehörig, verbesserten sich gemeinsam bis hin zur Perfektion. Doch das Ziel, der beste Kämpfer zu sein, hatte jeder von ihnen erst dann erreicht, wenn er sich vor der Öffentlichkeit siegreich duellierte. Freundschaften, sie sich in der Schule gebildet hatten, verwandelten sich in jenem Augenblick in der Öffentlichkeit zu Feindschaften: In der Arena stand der Kämpfer wieder allein und mag sich so einsam gefühlt haben, wie nie zuvor.

Ein bisschen Luxus – aber nur ein bisschen ...

Einerseits erinnert der Gebäudekomplex an ein Gefängnis, andererseits lokalisierten die Archäologen Räume, die auf eine gewisse Lebensqualität der Bewohner hinweisen. Im Winter mussten sie nicht frierend in der kleinen Arena auf dem Innenhof kämpfen, sondern verlegten die Übungen in eine Trainingshalle – mit Fußbodenheizung. Für noch mehr Staunen unter den Forschern sorgte die Entdeckung eines Badehauses samt allen Räumen, die zum römischen Baderitual gehörten: Hier konnten die Gladiatoren zwischen den anstrengenden Trainingseinheiten in Heiß- und Kaltbädern, aber auch bei Massagen entspannen.

Diese Entdeckungen zeigen, dass es den Gladiatoren, abgesehen von der harten körperlichen Ertüchtigung, im Alltag relativ gut ging. Gerade was ihre medizinische Versorgung betrifft, konnten Wissenschaftler in Ephesos in der heutigen Türkei spannende Einblicke gewinnen: Dort legten sie in den 1990er Jahren einen Gladiatorenfriedhof frei. Für Anthropologen sind Knochen wie Archive, aus denen sich vieles über das Leben des Beigesetzten herauslesen lässt. Auch die Gebeine des Friedhofes von Ephesos erzählen Geschichten: Die meisten der Bestatteten starben in jungen Jahren, viele waren zum Zeitpunkt ihres Todes noch nicht einmal 25 Jahre alt. Sie hatten ihre Körper überdurchschnittlich stark trainiert, was sich etwa an der Ausbildung spezieller Muskelmarken zeigt – Stellen, an denen der Knochen durch den besonders beanspruchten Muskel abgenutzt wurde. Die Bestatteten hatten sich im Leben auffallend häufig Verletzungen und Frakturen zugezogen. Den entscheidenden Nachweis, dass es sich um einen Gladiatoren- und nicht etwa um einen Legionärsfriedhof handelte, brachten drei Schädel mit Verletzungsspuren von Dreizacken. Diese Waffe wurde sicherlich von keinem Legionär und auch von keinem seiner Gegner verwendet.

Doch was erzählen uns die Knochen darüber hinaus über die Gladiatoren? Ihre Verletzungen aus früheren Kämpfen waren ausgezeichnet verheilt. Daraus schließen die Wissenschaftler, dass Kampfwunden schnell und fachgerecht behandelt wurden. Hautverletzungen, Knochenbrüche aber auch Wucherungen und Eiterungen wurden verarztet, ebenso wie Knochensplitterungen am Kopf oder an den Extremitäten – all das, was mithilfe der damaligen medizinischen Kenntnisse möglich war. Dass beispielsweise die Gladiatoren im Pergamon des 2. Jahrhunderts n. Chr. von dem berühmten griechischen Arzt Galen behandelt wurden, zeigt einmal mehr, wie viel Wert auf die exzellente medizinische Versorgung der Kämpfer gelegt wurde. Operationen im Bauch oder Brustbereich, wie es bei tiefen Stichverletzungen nötig gewesen wäre, konnten die Ärzte der Antike allerdings noch nicht durchführen.

Auch über die Ernährung lieferten die Knochen von Ephesos viele Informationen. Fest steht, dass die Mahlzeiten im *ludus* alles andere als schmackhaft und vielfältig waren. Die Gladiatoren verfolgten eine energiereiche Diät, bestehend aus Eiweiß und Kohlenhydraten. Hülsenfrüchte aßen sie für den Muskelaufbau, Getreide für die Energie, die jeder Sportler braucht. Damit war der Speiseplan bereits komplett, weshalb die Gladiatoren in manchen Quellen auch *hordearii* genannt werden, die »Gerstenfresser«. Die Getreide-Bohnen-Pampe schmeckte bestimmt nicht, machte aber satt und stark. Schließlich ging es nicht darum, die Gladiatoren zu verwöhnen, sondern ihre Leistungsfähigkeit zu maximieren. Zusätzlich zu der vegetarischen Kost gab man ihnen nach dem Training offenbar noch einen Trunk aus pflanzlicher Asche. Dies schlossen die Forscher aus dem hohen Strontium-Gehalt in den gefundenen Knochen. Als strontiumreiche Calciumquelle trug die Asche zur Kräftigung des Körpers und zur Knochenheilung bei – es erinnert ein bisschen an die Sportler heutzutage, die nach der körperlichen Anstrengung gerne Magnesium und Calcium einnehmen.

Letztendlich zeigen die Erkenntnisse aus Ephesos und Carnuntum, dass die Römer alles daran setzten, um aus ihren Gladiatoren erfolgreiche Kämpfer zu machen. Wenn es den Gladiatoren in mancher Hinsicht besser ging als dem größten Teil der römischen Bevölkerung, dann bestimmt nicht, weil man ihnen ein angenehmes Leben ermöglichen wollte. Vielmehr wurden sie wie wertvolle Objekte behandelt, von denen man sich Popularität und Reichtum erhoffte. Ein erfolgreicher

Gladiator hatte für die römische Gesellschaft einen beachtlichen Marktwert: Für den *lanista* war er der Goldesel, für das Publikum der Unterhalter, für den Spieleveranstalter eine weitere Sprosse in der Karriereleiter.

Damit die trainierten und gemästeten Profikämpfer aber nicht zur Gefahr für ihre eigenen Herren wurden, legten die Römer in den Gladiatorenschulen Wert auf gewisse Sicherheitsmaßnahmen. Dennoch werden die Gladiatoren nicht alle wie Schwerverbrecher behandelt worden sein. So, wie manche von ihnen in schöneren Zellen lebten, werden diejenigen, die sich freiwillig in der Schule angemeldet hatten, auch im Alltag die eine oder andere zusätzliche Freiheit genossen haben.

Spartacus – Wenn ein Gladiator rebelliert

Im Jahr 73 v. Chr. herrscht 150 km südlich von Rom Aufruhr: Mehr als 78 Männer sind aus der Gladiatorenschule in Capua ausgebrochen. Ihre Waffen: Messer und Bratspieße aus der Schulküche (sagt jedenfalls Plutarch). Ihr Anführer: Ein Mann namens Spartacus. Laut Plutarch besitzt der Thraker »stolzen Sinn und große Körperkraft«, durch »Verstand und Herzensgüte« sei er »besser als sein Stand«. Sein Stand könnte in der Tat nicht geringer sein, denn als Kriegsgefangener war er versklavt und daraufhin an die berühmte Gladiatorenschule verkauft worden. Doch seine Karriere als Gladiator währte nicht lange: Spartacus und die übrigen Gladiatoren hatten ihr Leben hinter den Mauern der Schule offenbar satt, wollten nicht länger ein Dasein führen, das sie unweigerlich in die Arena führen sollte.

Kaum aus der Schule ausgebrochen, können die Männer

bald die Küchenutensilien gegen erbeutete, »echte« Waffen austauschen. Dass ihre Flucht sich immer länger hinzieht, aus Tagen Monate, aus Monaten letztendlich zwei Jahre werden sollen, liegt nicht zuletzt daran, dass die Römer die Situation völlig falsch einschätzen. Sie führen in derselben Zeit gleich mehrere Kriege im Ausland, scheinen sich aber von den entlaufenen Sklaven auch nicht allzu sehr bedroht zu fühlen. Und was war bei den Sklaven schon groß zu holen? Die römischen Truppen wissen, dass sie auf keine Beute hoffen können. Ihre geringe Motivation soll sich aber bald rächen. Eine erste Demütigung erfahren die Römer, als sie mit 3000 Mann die Aufständischen einkesseln. Obwohl Spartacus und seine Anhänger zahlenmäßig wie auch hinsichtlich militärischer Kampferfahrung den Soldaten weit unterlegen sind, wagen sie eines Nachts, die Truppen zu überfallen. Die Belagerer fliehen, Spartacus wird zum Held. Es zeigt sich bereits jetzt, dass die unbeweglichen Legionärstruppen für derartige Guerilla-Kriege völlig ungeeignet sind.

Aber das ist erst der Anfang. Aus der spontanen Idee, frei sein zu wollen, wird eine durchdachte Strategie. Immer mehr Männer, Frauen, selbst Kinder schließen sich den flüchtigen Ex-Gladiatoren an. Erst ziehen sie nach Norditalien, dann wieder gen Süden. Spartacus beweist großes Talent als raffinierter Stratege und erfolgreicher Anführer. Es folgen viele weitere Niederlagen für die Römer. Die Revolte nimmt ungeheuerliche Ausmaße an, irgendwann rebellieren mehrere Zehntausend Mann an der Seite von Spartacus. Was die Aufständischen eint, ist ihr Schicksal: Sie alle verbrachten zuvor ein knochenhartes, menschenunwürdiges Leben in Sklaverei. Ein Zitat aus Stanley Kubricks Verfilmung der Spartacus-Geschichte bringt ihr Dilemma auf den Punkt:

»Wenn ein freier Mensch stirbt, verliert er die Freude am Leben. Ein Sklave verliert den Schmerz. Der Tod ist für einen Sklaven der Weg in die Freiheit. Deshalb ist er ohne Furcht vor ihm.«

Oder anders ausgedrückt: Wenn man sich als Sklave totschuften musste, konnte man genauso gut als Rebell sterben.

Was wäre ein Rom ohne Sklaven?

Die antike Gesellschaft hätte ohne Sklavenarbeit in ihrer damaligen Form wohl kaum bestehen können. Um die Zeitenwende sollen rund zehn Millionen Sklaven im Römischen Reich gelebt haben – bei einer geschätzten Gesamtbevölkerung von etwa 54 Millionen hätte das einem Anteil von 15 bis 20 Prozent entsprochen. In Bergwerken, auf dem Feld, beim Straßenbau, im Haushalt und in vielen anderen Bereichen mussten sie teils schwerste Arbeiten im Dienste ihrer Herren verrichten. Wahrscheinlich ist es vor allem der Angst vor harter Bestrafung geschuldet, dass es während der Römischen Zeit nur wenige Sklavenaufstände gab. Viele hofften wahrscheinlich auch, eines Tages von ihrem Herrn freigelassen zu werden. Einzig und allein der Aufstand von 73 v. Chr. sollte zur ernstzunehmenden Bedrohung für die Römer werden. Lange Zeit zogen Spartacus & Co. plündernd durch Italien. Erst 71 v. Chr. wurden sie von den Römern endgültig geschlagen. Spartacus selbst starb während der Schlacht – er wurde nicht, wie 6000 seiner Anhänger, an der Via Appia gekreuzigt.

Was bedeutete der Spartacus-Aufstand für die Gladiatoren? Nichts Gutes.

Verständlicherweise hatten die Römer kein Interesse an einer Wiederholung. Es gab für sie – die Meister der Kriegskunst – wohl kaum etwas Peinlicheres, als von einer Horde von Sklaven jahrelang militärisch an der Nase herumgeführt zu werden. Vor allem hatte der Aufstand ihnen gezeigt, welche Gefahr von hochtrainierten Kämpfern ausgehen konnte, wenn diese nicht wie geplant gegeneinander losgingen, sondern ihre eigenen Herren angriffen. Der Spartacus-Aufstand geriet niemals in Vergessenheit, dafür fürchteten die Römer viel zu sehr eine Wiederholung dieses Albtraums. Sie trafen strenge Sicherungsmaßnahmen in den Gladiatorenschulen und auch die Entscheidung manch eines Politikers, Gladiatoren als private Sicherheitskräfte einzusetzen, beobachteten sie jedes Mal mit großer Sorge.

Spartacus selbst erlangte unsterblichen Ruhm, wurde von vielen berühmten Persönlichkeiten in den folgenden Epochen hochgelobt. Der griechische Schriftsteller Plutarch hielt ihn für »sehr intelligent und kultiviert«, der Althistoriker Theodor Mommsen nannte ihn einen »großen Räuberhauptmann mit dem Mut eines Löwen«. Karl Marx ging noch weiter, fand, er sei der »famoseste Kerl, den die ganze Antike aufzuweisen hat«. An Faszination hat der berühmteste Gladiator aller Zeiten bis heute nicht eingebüßt – es gibt wenige Personen der antiken Geschichte, deren Leben so häufig verfilmt wurde.

Superstars zum Naserümpfen

Ihr Fall könnte nicht tiefer sein. Aber Eppia hat sich entschieden. Der Skandal wird sich in ganz Rom herumsprechen, und nichts mehr wird so sein wie vorher. Für die Gattin des Senators heißt es deshalb »Lebe wohl« sagen, sie nimmt Abschied von ihren prächtigen Gewändern, ihren kostbaren Diademen und Halsketten, sie nimmt Abschied von ihrem bequemen Alltag, dessen Vormittag immerzu mit dem Stecken ihrer komplizierten Frisur begann, dessen Nachmittag sie in die Thermen führte, wo sie ihren Körper viele Stunden lang in Heiß- und Kaltbädern entspannte, und dessen Abend allzu oft in üppigen Festmählern endete, die ihr Ehemann für zahlreiche Gäste zu veranstalten pflegte. Nicht zuletzt nimmt sie Abschied von ihrem warmen, weichen Federbett, das am Ende eines solchen Tages immer für sie bereitstand.

All das gibt sie auf für einen Mann. Bis zu dieser Stelle hofft man vielleicht noch auf eine romantische Liebesgeschichte, in der sich der eine oder andere am liebsten selbst wiederfinden würde. Aber Juvenal, der Erzähler, enttäuscht diesbezüglich seine Leser bitterlich: Denn Eppia hat sich in einen Mann verliebt, der optisch nicht viel hermacht. Sergius ist kleingewachsen, hat eine kaputte Schulter und wundgeriebene Stellen auf der Kopfhaut. Eines seiner Augen trieft und ein riesiges Geschwür wächst mitten auf seiner Nase. Doch Eppia stört das alles nicht. Denn Sergius ist ein besonderer Mann. Er ist ein Gladiator.

Sie begehrt ihn so sehr, dass sie nicht nur ihren Gatten, sondern sogar ihre Kinder für ihn verlässt. Die Entbehrungen gehen aber noch viel weiter: Um in Sergius' Nähe bleiben zu können, folgt Eppia seiner Gladiatorenfamilie auf gefährlichen Schiffsreisen über das Meer bis nach Ägypten. Die Frau, der es zuvor an nichts gefehlt hatte, verliert nicht nur schlagartig ihre Heimat, ihre Familie und ihren Wohlstand, sondern auch ihren guten Ruf. Von nun an wird sie nur noch als die »Fechtertrulle« beschimpft. Und wenn die Leser jetzt noch meinen, dass es sich um die wahre Liebe handeln muss – weit gefehlt. Denn würde Sergius nicht mehr als Gladiator kämpfen, wäre auch Eppias Hingabe für ihn passé. Mit den Worten »Das Schwert ist, was sie reizt«, fasst Juvenal kurz und knapp ihre wahren Gefühle zusammen. Von wegen Liebe – pure Leidenschaft und Besessenheit haben Eppia handeln lassen.

Der römische Satirendichter Juvenal lebte im 1./2. Jahrhundert n. Chr. Während sein Freund und Kollege Martial sich ironisch und mit Witz über die Laster der Römer äußerte, übte Juvenal in seinem Werk Kritik, gnadenlos und hasserfüllt: Er klagte über das sündige Großstadtleben, sexuelle Ausschweifungen und Völlerei, aber auch über die Kindererziehung. Frauen kamen bei ihm besonders schlecht weg, und mit seiner Version von Eppias skandalösem Verhalten brüskiert Juvenal in erster Linie Frauen aus der aristokratischen Schicht. Dass ausgerechnet Eppia, die zu den höchsten Kreisen gehört, sich auf einen der Niedersten der Gesellschaft einlässt, unterstreicht für Juvenal nur mehr ihre Verdorbenheit. Aber nicht nur Juvenal, auch andere römische Autoren kritisierten den angeblich ungezügelten sexuellen Appetit wohlhabender Frauen. Gladiatoren sollen hervorragend in deren Beuteschema gepasst haben – stark, todesmutig und aggressiv, wirkten sie auf das weibliche Geschlecht in höchstem Maße potent und attraktiv (selbst dann, wenn sie eigentlich klein und hässlich waren). Davon zeugen auch Graffiti an den Hauswänden von Pompeji, wo manch ein Gladiator als »Herr der Mädchen«, wenn nicht sogar als »Seufzer der Mädchen« umschrieben wird.

Fälle wie Eppias Affäre wird es dennoch selten gegeben haben. Die meisten Frauen, die außereheliche Beziehungen führten, setzten nicht ihren privilegierten Status aufs Spiel und verhielten sich deshalb viel vorsichtiger und diskreter. Dennoch existierten sie offenbar, die Groupies der Gladiatoren. Weibliche, aber auch männliche Fans feuerten ihre Helden in der Arena euphorisch an. Wenn die Gladiatoren die Arena betraten, wandelte sich das Amphitheater schlagartig zum Publikumsmagneten. So sollen die Besucher während der Aufführung eines Stückes des Komödiendichters Terenz das Theater Hals über Kopf verlassen haben, als sich unter ihnen herumsprach, dass zum selben Zeitpunkt Gladiatorenspiele im Amphitheater stattfänden.

Anhänger der Gladiatorenkämpfe gab es in allen sozialen Schichten. Die erfolgreichen Kämpfer wurden wie unsere heutigen Spitzensportler gefeiert. Umso mehr fällt es auf, dass viele zeitgenössische Schriftsteller zwar sehr unterschiedlich, mehrheitlich aber kritisch zum Thema Gladiatoren und *munera* standen. Die Gespaltenheit ging so tief, dass manch ein Autor sich in seinen eigenen Schriften zum selben Thema positiv wie auch negativ äußerte: So schätzte Cicero zwar den Todesmut des Gladiators hoch, benutzte aber an anderer Stelle »Gladiator« als Schimpfwort für politische Gegner, um auf ihren verdorbenen Charakter hinzuweisen. Doch die Einstellung zu den Gladiatoren in den Quellen spiegelt kaum die von der Allgemeinheit vertretene Sichtweise wieder. In der Antike besaß nicht jeder die Muße, die Bildung und die finanziellen Mittel, um einfach zur Feder greifen und seine Gedanken für die Nachwelt niederzuschreiben. Deshalb stammen die Quellen von Philosophen, Geschichtsschreibern, Politikern, Dichtern und Kirchenvätern, die allesamt der reichen und gebildeten Oberschicht angehörten. Und auch wenn uns vergleichsweise viele Informationen zum Thema Gladiatoren überliefert sind – immerhin kommentierten Berühmtheiten wie Cicero und Seneca, Livius, Tacitus und Tertullian das Phänomen –, so einseitig bleibt dabei die Perspektive, die dem Leser geboten wird.

Ein Vertrag mit Ehrverlust

»Welch eine verkehrte Welt! Die Römer lieben die, die sie erniedrigen, würdigen die herab, denen sie Beifall spenden; sie feiern die Kunst und brandmarken die Künstler!«
Tertullian (christlicher Schriftsteller, um 150–220 n. Chr.)

Überall stehen Meinungen und Ansichten über den Gladiator, aber sind auch Fakten überliefert? Ja, die gibt es. Zu diesen gehört der Vertrag, den jeder freiwillige Gladiator zu Beginn seiner Karriere mit dem *lanista* abschließen musste. Vor Zeugen schwor er, sich brandmarken, in Ketten legen und mit dem Schwert töten zu lassen. Mit diesem Eid weihte sich der Gladiator den Göttern der Unterwelt, die nun über sein Leben entschieden. Es existierte ein vergleichbarer Schwur unter den Feldherren: Die *devotio*, eine kultische Selbstaufopferung, die ebenfalls an die Unterweltsgötter gerichtet wurde. Der große Unterschied aber ist, dass der Feldherr für sein Opfer von den Göttern eine Gegenleistung verlangte: Sie erhielten sein Leben allein unter der Bedingung, dass sie auch das Leben seiner Feinde nahmen. Der Eid des Gladiators dagegen war alles andere als reziprok. Er stellte sich damit auf eine Ebene mit den unfreiwilligen Gladiatoren, nahm die übelsten Erniedrigungen auf sich und opferte sich selbst, ohne dafür etwas zurückzubekommen. Aber gerade deshalb wurde ihm höchster Ruhm zuteil. Mit dem Ablegen des Eides nahm er sein Schicksal hin. Bald stand der Gladiator auch außerhalb der Arena bildhaft für *virtus* – wer ohne Hoffnung oder Furcht handelte, besaß die »Seele eines Gladiators«.

Dennoch gab es im Römischen Reich keinen Eid, der für einen freien Menschen so verheerende Folgen haben konnte wie der Eid der Gladiatoren. Für die *auctorati* wandelte sich das Leben von Grund auf. Weil sie fortan der *infamia* unterlagen, wurden sie zusammen mit Schauspielern in einen Topf mit Prostituierten und Zuhältern geworfen, die ebenfalls zu den *infames* zählten (die weiblichen Prostituierten waren allerdings sowieso allein schon wegen ihres Geschlechtes benachteiligt). Gemeinsam hatten sie, dass sie alle ihren eigenen Körper oder die Körper anderer Menschen für die Öffentlichkeit verkauften; deshalb gehörten auch die *lanistae*, die Besitzer der Gladiatoren, in diese Liga. Sie galten als ehrlos und nicht vertrauenswürdig; jedem, der etwas auf seinen guten Ruf hielt und es in seiner politischen Karriere zu etwas bringen wollte, wurde tunlichst empfohlen, sich von solchen Menschen fernzuhalten. Selbst dann, wenn ein Gladiator seinen

Dienst überlebte und tatsächlich an den Punkt im Leben kam, seinen wohlverdienten »Ruhestand« antreten zu können, änderte sich an diesem Status nichts – rechtlich blieb er diskriminiert, durfte beispielsweise niemals ein öffentliches Amt bekleiden.

Aristokratische Frauen wie Eppia, die mit Gladiatoren anbändelten, waren für die Autoren der Antike desaströse Beispiele einer verfallenden Gesellschaft. Noch schlimmer wurde es aber, wenn männliche Mitglieder der Oberschicht Gladiatoren nacheiferten. Wie bereits im vorigen Kapitel erwähnt, berichten die Quellen von Senatoren und Rittern, die sich in die Ausrüstung der Gladiatoren warfen und vor Publikum kämpften. Aber selbst dieses bereits absolut Unkonventionelle ließ sich übertreffen – wenn das Oberhaupt des Imperiums höchstpersönlich den Helm aufsetzte und mit gezücktem Schwert die Arena betrat.

Commodus – wenn der Schrecken der Römer zum Gladiator wird

Der Kontrast hätte nicht stärker sein können: Während Marc Aurel für seine Regentschaft und philosophischen Betrachtungen bis heute verehrt und geachtet wird, ist sein Sohn und Thronfolger Commodus als bösartiges Monstrum in die Geschichte eingegangen. Bereits zu den Umständen seiner Zeugung existiert eine düstere Legende: Angeblich wurde seine Mutter Faustina von einer Affäre mit einem Gladiator mit ihm schwanger. Als sie ihren Seitensprung und ihre heimliche Leidenschaft schließlich ihrem Mann Marc Aurel gestand, ließ der Kaiser den Gladiator umbringen und zwang Faustina auf

Empfehlung seiner Wahrsager, im Blut des Getöteten zu baden. Direkt danach zwang Marc Aurel sie nach dieser Legende, mit ihm zu schlafen.

Commodus ist sein Hang zur Grausamkeit so bereits in die Wiege gelegt, und sie macht sich im Kindesalter das erste Mal bemerkbar: Als ihm eines Tages ein zu kühles Bad eingelassen wird, befiehlt der Zwölfjährige, den verantwortlichen Bademeister in den Ofen zu werfen (der Bademeister überlebt nur dank eines cleveren Sklaven, der anstelle der Person ein Schafsfell verbrennen ließ). Auch die besten Lehrer schaffen es in den folgenden Jahren nicht, Commodus' Charakter im Positiven zu beeinflussen.

Nach Marc Aurels Tod zeigt Commodus als der neue Alleinherrscher nur wenig Interesse an Politik und der gewissenhaften Führung seines Reiches. Viel lieber pflegt er seine außergewöhnlichen Hobbies: Zu seinen größten Leidenschaften zählen ausgerechnet die Gladiatorenkämpfe, die sein Vater so sehr verachtet hatte. Die Spiele in den Arenen faszinieren Commodus so sehr, dass er bald selbst in die Rolle des Gladiators schlüpft. Er übt wie besessen den Zweikampf und verbessert sich immer weiter. Es bleibt aber nicht beim Training hinter verschlossenen Türen; irgendwann tritt Commodus selbst in der Arena auf. Ein Kaiser in der Verkleidung eines Gladiators – was für ein Skandal! Damit überschreitet Commodus alle erdenklichen Grenzen der sozialen Hierarchie. Sein Auftritt provoziert, ja, er verhöhnt die römische Gesellschaft in tiefstem Maße. Die Angehörigen der Oberschicht reagieren entsetzt und fassungslos, die einfachen Bürger dagegen werden diesen sensationellen Anblick bestimmt auch mit einer guten Portion Vergnügen genossen haben. Die Arena ist für Commodus nicht nur eine Plattform, um seinen Spaß zu haben – hier kann er seine Kampfkunst und nicht zuletzt seine Legitimation als Herrscher vor aller Augen unter Beweis stellen.

In seinem gesamten Leben soll Commodus an rund 1000 Wettkämpfen teilgenommen haben. Er trat auch gerne als *bestiarius* an und hetzte Tiere – so soll er an einem einzigen Tag 100 Bären abgeschlachtet haben. Freilich verdankte er solche Siege nicht fairen Mitteln; die Bären beispielsweise erschoss er in sicherer Entfernung von der Balustrade aus mit Speeren. Wenn er in die Arena schritt, erschien Commodus gern mit einem umgehängten Löwenfell und einer Keule ausgestattet und schlüpfte somit in die heroische Rolle des Halbgottes Herkules. Selbstverständlich fügte er sich nicht denselben Bedingungen und Konditionen, wie sie für die übrigen Gladiatoren galten. Wenn er sich in der Arena zeigte, ließ er sich dafür gerne auch mal eine Gage im sechsstelligen Bereich auszahlen. Außerdem wurden in öffentlichen Duellen, an denen er teilnahm, nur Holzschwerter verwendet; allerdings soll er bei Gladiatorenkämpfen abseits von der Öffentlichkeit vor scharfen Waffen nicht zurückgeschreckt und seine Gegner auch getötet haben.

Abgesehen von *munera* veranstaltete Commodus unzählige Festbankette und Orgien, bei denen ebenfalls viel Menschenblut floss; überhaupt lebte er seine sadistischen und perversen Vorlieben exzessiv aus. Seine Opfer suchte er sich eher willkürlich aus: Mal tötete er sie, weil sie ihm zu vornehm waren, das andere Mal, weil sie ihm zu barbarisch waren – oder er suchte sich einen ganz anderen Vorwand. Der Katalog seiner schrecklichen Vergehen nimmt kein Ende, wenn man den Geschichtsschreibern Glauben schenkt. Hat Commodus wirklich all diese Gräueltaten begangen?

Tatsächlich dürfte die Unbeliebtheit des Kaisers nicht zuletzt auf seinem schwierigen Verhältnis zu den Mitgliedern des Senats beruht haben. Kaum hatte Commodus nach dem Tod seines Vaters den Thron bestiegen, wurde er Opfer eines Attentates, das im letzten Augenblick von seinen Leibwächtern vereitelt werden konnte. Es stellte sich heraus, dass hinter dem geplanten Mord des jungen Kaisers neben seiner eigenen Schwester Lucilla auch hochrangige Senatoren steckten. Jegliches Vertrauen, das er vielleicht einst in den Senat gehabt hatte, wandelte sich jäh in tiefes Misstrauen. Fortan regierte Commodus im Alleingang, ohne den Rat der Ältesten in seine Entscheidungen mit einzubeziehen. Er trieb es aber noch weiter: So ließ er Aristokraten aus ihren Ämtern entheben, viele von ihnen sogar hinrichten, und übertrug die Staatsgeschäfte seinen Günstlingen. Auf den Tribünen des Kolosseums mussten die Senatoren ihm zujubeln, wenn er als fleischgewordener Herkules Tiere niedermetzelte; selbst dann, wenn er den abgetrennten Kopf eines Straußes in ihre Richtung streckte und mit grinsender Miene unmissverständlich klarmachte, dass es ihnen eines Tages auch so ergehen könnte. Kein Wunder, dass Geschichtsschreiber wie Cassius Dio, der selbst ein Senator war, den selbstherrlichen Kaiser zutiefst verabscheuten und somit vor allem Negatives über ihn berichteten.

In der Rolle des Gladiators demonstrierte Commodus seine grenzenlose Macht. Er fühlte sich so mächtig, dass er mit seiner Performance die soziale Hierarchie zum Wanken bringen konnte. Statt das Römische Reich mit Würde und Autorität zu verwalten und für Ordnung zu sorgen, soll er Chaos geschaffen haben. Commodus' provokantes Verhalten gipfelte laut Cassius Dio in seinem Vorhaben, zum Neujahrsfest im Jahr 193 nach vorheriger Ermordung der beiden eigentlichen Konsuln selbst das Amt des Konsuls zu übernehmen – und das auch noch in der Bewaffnung eines Gladiators. Doch zu diesen Ereignissen sollte es niemals kommen – zuvor wurde Commodus Opfer einer erneuten Verschwörung und ermordet, während er gerade ein Bad nahm.

Tugend ohne Ehre?

Und wieder einmal scheint uns das Überlieferte paradox: Der Gladiator symbolisierte *virtus*, während er selbst als unehrenhafte Person galt. Besser verstehen lässt sich das nur, wenn man den Gladiator im Kontext der *munera* betrachtet: Ein Gladiator, der in der Arena mutig kämpfte, zeigte dem Publikum erfolgreich, was es bedeutete, tapfer zu sein. Ein Gladiator dagegen, der sich vor allen Augen feige verhielt, beschämte die Besucher und war weit entfernt davon, *virtus* zu vermitteln.

Die Spiele im Amphitheater trugen, wie gezeigt, eine klare Botschaft – die römischen Bürger sollten nicht nur unterhalten werden, sondern die Werte und Tugenden ihrer Kultur eindrücklich erfahren. Den Kampf eines ihrer Auffassung nach »schlechten« Gladiators verfolgten sie mit Abscheu und Wut: Im Verständnis der Römer hatten Tugenden wie die *virtus* Rom überhaupt erst groß gemacht, und gerade deshalb wirkte auf sie der Verstoß gegen die vorherrschende Werteordnung nahezu existenzbedrohend. Daraus entwickelte sich die große Bedeutung der *munera*, aber auch ihre Popularität. Gerade dadurch, dass der Gladiator vor der Öffentlichkeit zur Schau gestellt wurde und dies dem Verhalten, das man von einer ehrenhaften Person verlangte, gänzlich widersprach, – gerade dadurch konnte er zwangsläufig nur die niederste Position in der fest gefügten römischen Gesellschaftshierarchie einnehmen. Letztendlich ging es ja auch nicht um ihn, sondern um das, was er zu vermitteln hatte.

Wenn aber die Zuschauer nur noch angetrieben von ihren primitiven Instinkten die *munera* besuchten, war die eigentliche Funktion der Gladiatorenspiele nach Meinung der antiken Schriftsteller nicht erfüllt worden. So regt sich Seneca besonders über die Exekutionen auf, bei denen verurteilte Verbrecher von Tieren zerrissen wurden oder sich gegenseitig umbringen mussten; lebend kam jedenfalls keiner davon. Für Seneca hatten diese Hinrichtungen keinen erzieherischen Wert, sondern schürten bloß die niederen Triebe der Zuschauer. Die gefährliche Eigendynamik solcher Massenveranstaltungen schildert er eindrucksvoll, wenn er die Zuschauer beschreibt. So rufen sie zu den Unglücklichen in der Arena hinunter: »Schlage, peitsche, brenne ihn! Warum rennt er so zaghaft ins Messer? ... Warum stirbt er so lustlos?« Damals war es eben nicht anders als heute: Die Masse kann bewegen, sie kann aber auch vernichten. Und sie schützt den Einzelnen davor, Verantwortung für sein Handeln zu übernehmen. In der Masse kann man sich verstecken und all das sagen und tun, was man im Alleingang vielleicht niemals gewagt hätte. An all der Kritik dieser wohlhabenden Intellektuellen störte sich die Mehrheit des Volkes offenbar kaum. Und ohne ihre anhaltende Begeisterung wären die Gladiatorenkämpfe schließlich niemals so populär geworden.

Die vielfältigen Meinungen und Beschreibungen in den Quellen haben mit dem Gladiator eine äußerst sonderbare Figur überliefert: Die Römer begehrten und verabscheuten ihn, heroisierten und misstrauten ihm – und das alles zur gleichen

Zeit. Der Gladiator wirkt durch und durch ambivalent, bis hin zu seinem Aussehen: Den Kopf unter einem schweren Helm verborgen, mit scharfen Waffen ausgerüstet, dabei aber einen Großteil seines Körpers entblößt. Er scheint uns aggressiv, zugleich sehr verletzbar. Sein Gesicht und seine Persönlichkeit bleiben uns unbekannt, während seine Nacktheit uns das Gefühl gibt, in seine Intimsphäre einzudringen. Er kann ein Held werden, doch bleibt er immer ein Sklave. Eben diese Ambivalenz macht den Gladiator so einzigartig und lässt die Faszination an ihm bis heute andauern.

Werden sie zurückkehren?

»An grausamen Spielen finden wir in Zeiten des bürgerlichen Friedens und häuslicher Ruhe kein Gefallen. Deshalb verbieten wir in jeglicher Hinsicht, dass diejenigen zu Gladiatoren werden, die es vielleicht aufgrund ihrer Taten als Los und Strafe normalerweise verdient hätten.«

Diese Sätze sind mehr als 1600 Jahre alt. Sie stammen von Kaiser Konstantin – demselben Konstantin, der das Christentum zur Staatsreligion erklärte. Mit dem Erlass aus dem Jahr 325 verbot er, Verbrecher zum Gladiatorendienst zu verurteilen. Warum tat er das? War Konstantin ein Gegner der *munera*? Wollte er über die Verbrecher Milde walten lassen? Mitnichten: Die Verurteilten sollten ihre Strafe nicht mehr in den Arenen, dafür aber in den Bergwerken abarbeiten. Ein schlimmeres Schicksal hätte sie kaum treffen können. In den düsteren Stollen, weit entfernt von Tageslicht und Frischluft, fristeten die Minenarbeiter ein qualvolles Leben, in Lumpen gekleidet, an den Füßen angekettet. Wäre ihnen eine Wahl geblieben, hätte vermutlich jeder Einzelne von ihnen lieber als Gladiator gekämpft. Dieser Erlass sollte lediglich für genügend Nachschub an Arbeitskräften in den Bergwerken sorgen – von Motiven der Nächstenliebe fehlt jede Spur.

Konstantin hatte an den *munera* selbst nichts auszusetzen, nur wenige Jahre nach diesem Erlass veranstaltete er selbst Gladiatorenkämpfe. Auch ein erweiterter Blick auf die Ereignisse in der Spätantike zeigt, dass die mittlerweile weit verbreitete christliche Lehre von Barmherzigkeit nur selten ihren Weg in den Alltag fand. Während die *munera* von Kirchenvätern wie Tertullian scharf verurteilt wurden, fanden die in unseren Augen mindestens ebenso grausamen Hinrichtungen und Tierhetzen weiterhin und offenbar von allen gutgeheißen statt. Das Blutvergießen an Mensch und Tier schien an und für sich keinen besonderen öffentlichen Anstoß zu erregen.

Tatsache bleibt aber, dass seit dem Beginn des 4. Jahrhunderts die Gladiatorenkämpfe im gesamten Reich immer seltener stattfanden. Diese Erkenntnis lässt sich aus dem entnehmen, was in den Quellen steht, beziehungsweise aus dem, was dort gerade *nicht* steht. Nur noch für einzelne Jahren sind Berichte über Gladiatoren überliefert; so soll etwa Papst Damasius im Jahr 367 eine Gladiatorentruppe als seine Leibgarde verpflichtet haben.

Die Wissenschaftler vermuten unterschiedliche Gründe für den Rückgang der Gladiatorenkämpfe: Als die Expansion des Römischen Reiches endete, stagnierte auch der Nachschub an Kriegsbeute und Kriegsgefangenen – es wurde schwerer, die Spiele zu finanzieren und mit genügend Kämpfern auszustatten. Das Problem verstärkte sich dadurch, dass die *munera* gleichzeitig immer aufwendiger geworden waren.

Dass die Gladiatorenspiele gerade dann weniger wurden, als das Christentum zur wichtigsten Religion des Reiches aufstieg, ist trotzdem kein Zufall. Gladiatoren hatten den ihnen eigentlich bestimmten Tod überwinden können, ihr Schicksal lag in den Händen des Kaisers und des Volkes: Diese Symbolik passte nicht zur Auffassung der Christen, der zufolge allein Gott die Erlösung des Menschen vorbehalten war. Die Gladiatorenkämpfe, die dem Kämpfer die Chance gaben, sein Leben zu retten, hatten in der christlichen Welt ihren gemeinschaftsstiftenden Sinn verloren. Nach und nach – erst im Osten des Reiches, dann im westlichen Mittelmeerraum – verschwanden die *munera* aus dem römischen Leben. Wohl spätestens um 410, als der Westgotenkönig Alarich Rom eroberte und plünderte, fand das Phänomen der Gladiatoren schließlich auch in der Hauptstadt ein Ende.

1872, viele Jahrhunderte nach dem Untergang der Gladiatorenkämpfe, entstand das Bild *Pollice Verso*, das bis heute unsere Vorstellung von Gladiatoren entscheidend beeinflusst. Und das Kolosseum, das Jahrhunderte lang den Christen als offizielle Gedenkstätte für ihre Märtyrer diente, entdeckten im 18. und 19. Jahrhundert viele Künstler als Inspirationsquelle für ihre Werke. Vor allem geriet es in den Fokus der Archäologen: Innerhalb weniger Jahre brachten sie die ursprünglichen Formen des Bauwerkes zum Vorschein. Man wollte sich wieder an die Geschichte des antiken Rom erinnern.

Überall gibt es Gladiatoren: In TV-Serien und Videospielen, als Namensgeber für Designer-High-Heels und amerikanische Football-Teams. Selbst in der doch eigentlich über Frieden und Liebe singenden Reggae-Szene tauchen sie auf, im Namen der Band »The Gladiators«. Auf die Frage, warum sie ausgerechnet *so* hießen, meinte einer der Bandmitglieder einst im Interview, dass der Name sie ermutige, niemals aufzugeben: Egal, wie hart die Schlacht sein sollte, wir alle gingen als Gewinner heraus.

Zweifellos nimmt die Faszination an den Gladiatoren nicht ab. Aber was wäre, wenn sich diese Faszination in eine so starke Sehnsucht verwandelt, dass wir unsere eigenen *munera* aufführen wollen? Werden wir eines Tages zusammen mit Tausenden anderen Menschen Gladiatoren auf dem Kampffeld anfeuern? Werden wir, falls wir Pech haben sollten, selbst in einer Arena stehen und um unser Leben kämpfen?

Man kann Filme wie *Die Tribute von Panem – The Hunger Games* als reine Unterhaltungsform, weit entfernt von jeglicher Realität, begreifen. Andererseits wirken sie angesichts der wachsenden globalen Ungleichheit beängstigend nachvollziehbar. Slavoj Žižek, ein Philosoph, der politische Krisen unserer Zeit deutet, erkennt in Blockbustern wie *Die Tribute von Panem* eine postapokalyptische Gesellschaft, auf die wir hinsteuern könnten, sofern sich in naher Zukunft keine weltweite ökonomische Veränderung vollzieht. »Wissen Sie, ich vertraue Hollywood immer«, meint er wenig hoffnungsvoll in einem Interview mit der ZEIT am 8. April 2016.

Während die Geschichte vom Minotaurus rein mythologischer Natur ist, hatten die Gladiatorenspiele einen historischen Ursprung und einen politischen Charakter. Die Herrscher brauchten sie, das Volk wollte sie. Und die Geschichte hat uns gelehrt: Sie kann sich wiederholen.

Gladiatur als Sport und Ausgleich für uns Heutige? – Ein Interview mit einem Gladiator

Die Zeit der echten *munera* ist zum Glück lange vorbei – die Kampfkunst der Gladiatoren wird aber seit einiger Zeit wieder zum Leben erweckt. Jan Krüger, Jahrgang 1976, betreibt in Trier eine eigene Gladiatorenschule.

Jan Krüger, seit wann begeistern Sie sich für die Zeit der römischen Antike bzw. für die Gladiatoren?

Als Schauspieler habe ich 2009 beim Römerfest »Brot und Spiele« in Trier den jungen Commodus verkörpern dürfen. Commodus sah sich selbst gerne als Gladiator Herkules in der Arena. Um die Kämpfe für die Show so realistisch wie möglich zu machen, nahm ich Unterricht bei den besten Gladiatoren Italiens, den Jungs von »Ars dimicandi«, dem Mailänder Institut für experimentelle Archäologie. Eine rein pragmatische Entscheidung. Bis heute begeistere ich mich eigentlich wenig für die Römer – will also kein Römer sein. Aber ich habe unheimlich viel dazugelernt und zwar weit über die Gladiatur hinaus. Heute nutze ich mein Wissen, um die Menschen der Gegenwart zu lehren und zu warnen.

Wie kam die Idee, eine eigene Gladiatorenschule zu gründen?

Im Gegensatz zur sonstigen römischen Kultur begeisterte mich der Gladiatorenkampf umso mehr. Ich habe mein Leben lang Kampfsport betrieben, und als mir die Italiener sagten, ich hätte Talent, war für mich klar: Das ist genau mein Ding. Mit über 40 Jahren werde ich aber langsam zu alt für den aktiven Kampfsport und ich konzentriere mich daher auf die Leitung der Gladiatorenschule. Als Firma verlangt sie viel, oft zu viel von mir ab. Heute habe ich ein Team von 20 Kämpfern, und da es sich bei der Schule um keinen Verein handelt, gibt es eine Unmenge an bürokratischen und behördlichen Hürden.

Wer sind Ihre Schüler?

Durch die Bank sind das total verschiedene Leute: Vom Studenten bis zum Chirurgen ist so ziemlich jeder in unserem Team vertreten.

Was sind ihre Intentionen, wenn sie sich ausgerechnet zum Gladiator ausbilden lassen? Spielt bei dem einen oder anderen neben dem Wunsch nach sportlicher Herausforderung auch eine Art von Sehnsucht mit – nach dem Adrenalin bei einem damals so brutalen Kampf um Leben und Tod?

Die meisten Anwärter treibt natürlich die Neugier zu uns. Viele glauben immer noch, wir machen lustiges Herumgehüpfe. Alle in meinem Team verbindet der Respekt vor der Waffe, die Sucht nach Adrenalin wie bei jedem Sport, der Wunsch, sich zu verbessern und eigene Grenzen zu sprengen. Wer eine reine Spaßveranstaltung erwartet, kommt wahrscheinlich nach dem ersten Probetraining nicht wieder. Wir vermitteln Wissen und Kampftechnik. Keiner aus meinem Team würde jemals auf die Idee kommen, ein echter Gladiator werden zu wollen. Denn wir wissen: 80 bis 90 Prozent von uns wären jetzt schon tot.

Mit welchem heutigen Sport wäre der Gladiatorenkampf zu vergleichen, was Kondition, Koordination und Kraft anbelangt?

Was Kampf und Brutalität betrifft, ist die UFC (Ultimate Fighting Championship) die Gladiatur der Moderne.

Für welchen Gladiatorentyp haben Sie sich entschieden? Was sind die Vor- und Nachteile Ihrer Ausrüstung?

Meine erste Wahl war der Provokator, weil er meiner Grundlage als Kickboxer am ähnlichsten ist. Vor- oder Nachteile im herkömmlichen Sinne gibt es in der späten Gladiatur nicht. Die Paare waren immer so ausgerüstet, dass nur die Taktik über Sieg oder Niederlage entschied, nicht aber die Waffen oder Rüstungsart.

Wie beschwerlich ist das Tragen der Ausrüstung? Bekommt man nicht Blasen etc.?

Bei dieser Frage muss ich fast schmunzeln. Blasen, Quetschungen und Schürfwunden sind der Alltag. Sie sind lästig, aber wie bei allem nur eine Frage der Gewohnheit. Schlimmer sind die Langzeitfolgen, denn aus sportmedizinischer Sicht ist die Gladiatur eine Katastrophe. Asynchronität vom Feinsten. Die typischsten Probleme, die wohl auch die Gladiatoren der Antike hatten, sofern sie denn alt wurden, sind: Halswirbelprobleme dank schwerem Helm in Kombination mit Würfen und Tritten, schiefe Muskelausprägungen im Schulter- und Rückenbereich dank dem unterschiedlichen Gewicht von Schild und Schwert und Rückenwirbelprobleme. Und dann noch der Klassiker: Knie- und Sehnenprobleme durch die Hebeltechniken im Sand der Arena.

Was denken Sie ganz persönlich darüber: Könnte sich unsere heutige Faszination für die Gladiatoren in eine so starke Sehnsucht verwandeln, dass wir eines Tages wieder »echte« *munera* aufführen werden?

Wenn ich eines aus der Geschichte gelernt habe, dann: »Alles kommt wieder.« Die Parallelen zwischen der römischen und unserer modernen Gesellschaft sind so enorm, dass es mir persönlich Angst macht. Denn wir wissen, wie es ausging. Dieses Schicksal teilen übrigens alle Hochkulturen der Geschichte. Was die »echten« *munera* betrifft: Unter bestimmten gesellschaftlichen Umständen ist das leider durchaus möglich. Über 70 Prozent meiner Schülergruppen im Alter von 12 bis 16 Jahren beantworten am Endes meines Seminars die Frage: »Würdet ihr euch einen echt Kampf auf Leben und Tod anschauen, wenn er heute hier stattfinden würde?« mit »Ja«.

Lektüretipps

Keith Hopkins / Mary Beard: Das Kolosseum. Stuttgart 2010.

Marcus Junkelmann: Gladiatoren. Das Spiel mit dem Tod. Mainz 2008.

Eckart Köhne / Cornelia Ewigleben (Hrsg.): Caesaren und Gladiatoren: die Macht der Unterhaltung im antiken Rom. Mainz 2000.

Christian Mann: Die Gladiatoren. München 2013.

Thomas Wiedemann: Kaiser und Gladiatoren: Die Macht der Spiele im antiken Rom. Darmstadt 2001.

Reclam 100 Seiten

♦ Zu aktuellen Themen

♦ Für einen schnellen Überblick

♦ Persönlich geschrieben

♦ Unterhaltsam präsentiert

♦ Modern gestaltet

Martin Luther King, Vampire, Karl Marx,
Gladiatoren, Helge Schneider, 1968, Seuchen,
Nelson Mandela – und viele weitere Themen

Für mehr Informationen zur 100-Seiten-Reihe:
www.reclam.de/100Seiten

RECLAM